Königs Materialien
Band 4[illegible]

Gerd Eversberg

Materialienband
zu

Johann Wolfgang von Goethe
Faust I und II

C. Bange Verlag – 96142 Hollfeld/Ofr.

5. überarbeitete Auflage 1999
ISBN 3-8044-0431-6

Satz: kobold layout initiative, 96047 bamberg
Druck: Tiskárny Vimperk, a. s.

INHALT

1. VORWORT

Diese Dokumente zur Faustdichtung waren ursprünglich Materialteil zu einem didaktischen Buch gedacht, das ich 1985 für die Hand des Lehrers erarbeitet habe. In ihm wurde ein Unterrichtskonzept für die Behandlung der Faustdichtung Goethes im Deutschunterricht der gymnasialen Oberstufe entwickelt und Vorschläge für die Gestaltung verschiedener Stundensequenzen unterbreitet. Grundlage jedes Unterrichts soll natürlich die Lektüre der beiden Teile der Faustdichtung Goethes sein, so wie sie in verschiedenen Textausgaben (Teil 1 zum Beispiel als Königs Lektüren Nr. 3003) leicht zugänglich sind. Der Materialanhang versammelte Texte, die zum besseren Verständnis der Dichtung hinzugezogen werden können und die Anregungen zur Diskussion darstellen, weil sie den Blick von der Faust-Dichtung auf größere Zusammenhänge ihrer geistesgeschichtlichen Tradition ermöglichen.

Dieser Materialteil wurde ebenfalls 1985 vom Verlag als separater Sonderdruck herausgegeben; seitdem erfreut er sich großen Interesses bei Lehrern und Schülern. Er wurde daher überarbeitet und erscheint nun wiederum als Separatdruck. Es sei ausdrücklich betont, dass die konkreten Unterrichtszusammenhänge, in die ich meine damaligen praktischen Überlegungen gestellt habe, auch heute noch gelten. Allerdings lassen sich die hier versammelten Dokumente und Materialien auch so als begleitende Informationen von allen verwenden, die sich in selbständiger Lektüre die komplexen Zusammenhänge der Faustdichtung und ihrer langen Tradition erarbeiten wollen.

Husum, im August 1999

Dr. Gerd Eversberg

2. DIE URSPRÜNGE DER FAUST-SAGE

Die Faust-Sage ist ein Erzeugnis der Reformationszeit, des neuen, individualistischen Zeitalters. Das Streben nach schrankenloser Bewährung der persönlichen Freiheit in Forschung und Genuss kreuzt sich feindlich mit der eng gebundenen Moral des Mittelalters und dem Glauben an eine Weltregierung, die über Wohl und Wehe des Menschen entscheidet. Die Begeisterung für die neuentdeckte Herrlichkeit der antiken Welt mit ihrer Sinnenfreude und ihrem voraussetzungslosen Erkenntnisstreben kommt in Widerspruch mit der christlichen Weltanschauung, der das Erdenleben nur als Vorbereitung für das höhere Dasein jenseits des Grabes gilt.

Die daraus entstehenden Konflikte sind so sehr durch die besonderen Zeitumstände bedingt, dass keine frühere Epoche eine vollständige Analogie zu ihnen bietet. Infolgedessen kann auch die Faust-Sage nur in Einzelheiten Verwandtschaft mit früheren Phantasieerzeugnissen ähnlicher Art aufweisen. Im Ganzen ist sie etwas durchaus Neues, wenn sie auch aus der Antike und dem Mittelalter eine Reihe von Motiven aufgenommen hat.

Nur spärlich sind die Berührungen mit der griechisch-römischen Sagenwelt, die ein gutes und böses Prinzip nicht kennt und infolgedessen die Möglichkeit einer Wahl zwischen beiden und die aus ihr hervorgehenden tragischen Kämpfe ausschließt. Immerhin verwendet die Antike dennoch die Auflehnung gegen die Macht der Götter, das Anstürmen gegen die Grenzen menschlichen Vermögens in einzelnen ihrer Sagengebilde und nähert sich dadurch dem, was wir heute als spezifisch Faustisches empfinden, was aber bei der Entstehung der Faust-Sage nur ein Nebenmotiv war.

Schon das Volksbuch vergleicht Faust mit den Giganten, die den Himmel stürmen wollen. Sie sind in der griechischen Sage an die Stelle der Titanen getreten. Was ursprünglich der Sturz eines Göttergeschlechts durch ein anderes war, das wurde später zum Ansturm kühner Übermenschen gegen den Olymp. In der Überhebung, in dem Streben nach dem Verbotenen liegt die Analogie zur Faust-Sage, die schon das erste Faust-Buch erwähnt. Als ein Einzelner tritt dann Prometheus den Göttern entgegen, indem er die Menschen beschützt und aufreizt. Seine Kühnheit wird durch schwere Strafe geahndet. Weil er auf seinem Fluge der Sonne zu nahe gekommen ist, muss Ikarus zugrunde gehen; aber die symbolische Ausbeutung seines Schicksals ist spätere Zutat.

Weit enger ist die Verbindung der Faust-Sage mit alten jüdisch-christlichen Vorstellungen und Mythen. Überall finden wir im Orient dem guten Element ein böses in persönlicher Verkörperung gegenübergestellt. Bei den Ägyptern den

Typhon, bei den Indern den Civa, bei den Feueranbetern den Ahi, bei den Persern den Ahriman und als dessen Gegner den Ormuzd. Ormuzd und Ahriman sind umgeben von sieben Oberhäuptern, die ihre Scharen führen.

Diese Vorstellungen haben die Juden im babylonischen Exil übernommen. Den Anführern der himmlischen Scharen entsprechen die Erzengel (siehe Apokalypse 1, 20; 3, 1; 4,5) und den Anführern der bösen Geister die späteren Höllenfürsten. Über jedes irdische Wesen wachen, ebenso wie bei den Persern, Schutzgeister, Engel und ebenso ist jeder Mensch dem Angriffe der bösen Geister ausgesetzt, deren Oberhaupt Samael oder Asmodi heißt. Eine reiche Ausbildung dieser Vorstellungen zeigen die talmudischen Schriften. Hier wird namentlich Salomon, der weise König, in Beziehung zu den bösen Geistern gebracht. Sein hohes Streben nach übermenschlichem Wissen und Vermögen, sein skeptischer Pessimismus wurde später im „Prediger Salomo" geschildert. Indem er alles eitel findet, kommt er dort zur Resignation in dem Gedanken an die Ewigkeit der Gottheit und in dem Vertrauen auf sie. Die Sage dagegen lässt ihn, um das übermenschliche Werk des Tempelbaus zu vollenden, nach dem Stein der Weisen streben, dessen Besitz alles Verlangen nach Wissen, Macht und Genuss stillen kann. Er entreißt den Stein dem Teufel Adramelech, dieser aber überfällt Salomon im Schlaf, wirft den Stein ins Meer, versetzt in 596 Meilen in die Wüste und regiert nun in Salomos Gestalt, umgeben von den berüchtigten 500 Kebsweibern. Die Magier wollen den Stein wiedergewinnen. Sie zitieren den Teufel mit Hilfe der Magie, verschreiben sich ihm mit ihrem eigenen Blut und geben den Schedim (Geistern) Menschenblut zu trinken. Denn das Blut ist das Band, das die Menschen an die von Gott abgefallene Welt der Satanim bindet.

Die Vorstellung, dass es möglich sei, mit dem Teufel in einen Bund zu treten, und sich der Geister für nützliche und schädliche Zwecke zu bedienen, geht, zusammen mit dem ganzen Dämonenglauben, auf das Christentum über. Gott erscheint schon in frühchristlicher Zeit umgeben von den sieben obersten Engeln, von denen jedem besondere Funktionen übertragen sind, z. B. Raphael die Fürsorge für Kranke, Gabriel der Krieg, Michael das Gebet. Die gefallenen Engel, deren Oberhaupt Satan ist, suchen den Menschen leiblich und seelisch zu verderben, und sie haben über ihn Macht, soweit es Gott seinem Zwecke gemäß zulässt.

Aus dieser Anschauung erwächst der Glaube, dass die bösen Geister durch gewisse Zeremonien, die den religiösen nachgeahmt sind, ebenso wie die Engel zu Hilfe gerufen oder sonst beeinflusst werden können. Aus der jüdisch-persischen Kabbala, der neuplatonischen Geheimlehre des Jamblichos, der arabischen Mystik und den römisch-griechischen Mythen sind die Vorschriften zur Erlangung und Behauptung der Macht über die Geister durch Zauberei entlehnt worden.

Keineswegs ist diese Zauberei unter allen Umständen verboten und dem Seelenheil schädlich. Schon Augustinus (*De civitate die*, XII, 4) unterscheidet eine gute und eine schlechte, eine weiße und eine schwarze Magie. Mit Hilfe der Dämonen ist höhere Weisheit und gesteigerte Fähigkeit auf allen Gebieten zu erlangen. Und je nach der Absicht, der dieses höhere Vermögen dienen soll, nach der Harmlosigkeit oder Schädlichkeit der angewandten Mittel wird die Magie erlaubt oder unerlaubt genannt.

Als harmlos gilt im Allgemeinen die Beschwörung der Elementargeister, die nach den vier Elementen in vier Abteilungen zerfallen, die Wassergeister: Nymphen, Nixen, Undinen; die Luftgeister: Sylphen, Sylphiden, Elfen; die Erdgeister: Pygmäen, Wichtelmänner, Kobolde, Alpe, Druden, Schwarzelfen, Incubi und die Feuergeister: Salamander. Bestimmte Formeln werden angewandt, um einen dieser Geister zum Erscheinen zu zwingen. Andere, begleitet von schwierigen, seltsamen, aufregenden Handlungen, dienen dazu, einen der höllischen Geister oder gar den Satan selbst in die Gewalt des Beschwörers zu bringen. Dauernd ist der Dienst des Teufels und seiner Untergebenen nur durch ein Bündnis zu gewinnen, für das Leib und Seele als Entgelt dem Bösen zu ewigem Eigentum anheim gegeben werden müssen. Eine Urkunde, mit dem eigenen Blute unterzeichnet, oder auch ein stillschweigender Vertrag muss den Bund besiegeln. Der Ort der Teufelsbeschwörung ist in der Regel ein Kreuzweg, auf dem die Zauberer sich durch einen magischen Kreis, den die Geister nicht betreten dürfen, gegen die Gefahr für ihr Leben schützen. In schrecklichen Erscheinungen kündet sich das Nahen des Bösen an. Er erscheint endlich als tiefschwarzer, gewaltig großer Schatten, so furchtbar, dass nicht einmal ein Krieger seinen Anblick ertragen kann. Aber nach Abschluss des Vertrages begleitet er in einer beliebigen harmlosen Gestalt, am liebsten als Hund, den Zauberer, dem er seine Dienste auf eine bestimmte Zeit oder auf Lebensdauer zugesichert hat.

Als ein solcher Teufelsbündner erscheint schon in der ältesten christlichen Zeit Simon Magus. In der Apostelgeschichte 8, 9 ff. wird seine Bekehrung durch den Apostel Philippus erzählt. Im zweiten christlichen Jahrhundert knüpfte sich daran eine Sage, deren Kern der Gegensatz zwischen Judenchristen (Petriner) und Heidenchristen (Pauliner) war. Mit Simon Magus wurde, wie es scheint, ursprünglich Paulus gemeint, um ihn dem Simon Petrus gegenüberzustellen. Die so genannten Clementinen, deren Held Petrus ist, verknüpfen damit eine Reihe von gnostischen Elementen. Simon will das Heidentum einschleppen und den wahren Glauben verfälschen. Er sucht Wunder zu tun, will vor Neros Augen in den Himmel fliegen, wird aber durch Petrus' Wort herabgestürzt und zerschmettert.

Noch weiter ausgebildet erscheint die Sage von Simon Magus in den späteren „Recognitone“, deren Einfluss sich über das ganze Mittelalter bis in die neuere Zeit erstreckte. Simon Magus vermählt sich mit der Helena, die hier mit der Mondgöttin, griechisch Selene, identisch ist. Er erzeugt mit ihr durch Elementarmetamorphose (Verwandlung von Feuer und Luft, von Luft in Wasser, Wasser in Blut, Blut in Fleisch) einen Knaben, einen Homunculus. Da auch Faust sich übernatürlicher Kräfte rühmt, mit der Helena lebt und einen Sohn von ihr erhält, so lag es nahe, die Faust-Sage mit der Simon-Magus-Sage in Verbindung zu bringen, zumal da auch in den Clementinen die Namen Faustus, Faustinus und Faustinianus vorkommen. Zahn hat daraufhin die deutsche Sage mit Sicherheit aus der gnostischen Legende ableiten wollen, aber seine Gründe sind überzeugend von Kuno Fischer widerlegt worden. Vor allem lässt sich gar keine Spur auffinden, die im Inhalt des Faust-Buches auf eine Kenntnis jener Legende deutete.

Ebenso ist auch der von Zahn und anderen behauptete Zusammenhang zwischen Faust und Cyprian von Antiochia nicht vorhanden. Nach der einfachsten Überlieferung soll der Zauberer Cyprianus einem jungen Mann namens Aglaidas die Gunst der Christin Justina verschaffen. Alle von Cyprianus gesandten Dämonen müssen vor dem Kreuze fliehen, ohne ihre Absicht zu erreichen. Cyprianus sieht ein, dass seine Macht über die Geister vor dem Christentum zunichte wird und bekehrt sich.

In der zweiten Fassung, die von der Kaiserin Eudokia, der früheren Athenais, zwischen 441 und 460 zu einem Epos bearbeitet worden ist, hat Cyprianus alle Macht des Heidentums in sich vereinigt. Er hat frühzeitig den Appollodienst, die Bacchusorgien und Mithrasmysterien kennen gelernt, ist schon mit zehn Jahren in die eleusinischen Geheimnisse und den Tempeldienst der Pallas eingeweiht worden, hat in Memphis die ägyptische Geheimlehre von den Dämonen und ihrer Beherrschung, bei den Chaldäern die Kräfte des Lichts und der Gestirne kennen gelernt. Mit allen Dämonen geht er um, schließt mit dem Obersten von ihnen einen Bund, der ihm den Rang eines Fürsten der Hölle nach seinem Tode sichert und ihm bei Lebzeiten eine Streitschar von Geistern zur Seite stellt. In Antiochia tut Cyprianus vor zahlreichen Zuschauern Wunder und gewinnt eine große Menge von Schülern, bis an der Justina seine Macht zunichte wird und er sich zum Christentum bekehrt.

Die dritte Fassung der Cyprian-Legende zeigt ganz denselben Verlauf, nur erleiden am Schlusse derselben Cyprianus und Justina den Märtyrertod. Nach der Fassung der „Legenda aurea“ hat Calderon 1637 den Stoff in seinem „wundertätigen Magus“ behandelt. Dort erstrebt Cyprian die Christin Justina für sich selbst und geht zu diesem Zwecke eine Verschreibung mit dem Dämon ein. Auch hat er von Anfang an Zweifel an der Richtigkeit der heidnischen Lehre. Trotz dieser Ähnlichkeit wird man doch nicht Cyprian den Faust des Mittelalters nennen dürfen, vor allem, weil die Tragik hier fehlt; denn diese ist nur möglich, wenn das Teufelsbündnis zu unbedingter, ewiger Verdammnis führt. Diese ursprüngliche und grundsätzlich stets beibehaltene Anschauung wird aber gekreuzt durch die spätere Lehre, dass es der Reue und der durch sie vermittelten Fürbitte Marias und der Heiligen möglich sei, auch die schwerste Todsünde, den Abfall von Gott, zu sühnen. Das Mittelalter hat eine Anzahl Legenden hervorgebracht, die mit deutlich erkennbarer Absicht solche Fälle wunderbarer, eigentlich unmöglich erscheinender Errettungen schon verlorener Seelen vorführen. Aber doch immer nur als Ausnahmen.

Der berühmteste unter den geretteten Teufelsbündnern ist Theophilus, der Vicedominus von Adana, der im Jahre 558 n. Chr. mit Hilfe eines jüdischen Zauberers, nachdem er schriftlich Christus und Maria verleugnet hat, durch die Macht des Höllenfürsten in sein verlorenes geistliches Amt wieder eingesetzt wird, dann aber sogleich von Reue erfasst, vierzig Tage und vierzig Nächte betet und fastet, worauf die Verschreibung sich wiederfindet. Sie wird verbrannt, Theophilus beichtet und stirbt. Es liegt gar kein Grund vor, in diesem berühmtesten aller christlichen Teufelsbündner, dessen Geschichte vom 10. bis zum 16. Jahrhundert immer wieder in Erzählung und Drama bearbeitet wurde, einen Vorläufer Fausts zu sehen, ebenso wenig in den verwandten Gestalten des Studenten, von dem Cäsarius von Heisterbach (ca. 1170-1240) erzählt, dass er sein schwaches Gedächtnis mit Hilfe des Teufels gestärkt, aber auf dem Totenbette durch Vergessen der teuflischen Wissenschaft selig geworden sei, oder in der Sage von Militarius, der durch liederliches Leben in Armut gerät, den Teufel mit Hilfe eines jüdischen Zauberers beschwört, Christus zwar verleugnet, aber von Maria nicht lassen will, und nach hartem Kampf mit dem Teufel schließlich gerettet wird.

Zahllos sind gegenüber diesen wenigen Ausnahmen die Berichte von Teufelsbündnern des Mittelalters, die ihren Frevel mit gewaltsamem Tode und ewiger Verdammnis büßen mussten. Eine große Zahl von Päpsten und Priestern standen in diesem Geruch, vor allem Sylvester II., Gregor VII., Paul II. und Alexander VI.; daneben auch Laien wie Merlin, Robert der Teufel, Tannhäuser, Roger Baco. Berühmt wegen wunderbarer Leistungen waren namentlich Albertus Magnus, der Bischof von Regensburg (1193-1820), der 1248 vor Wilhelm von Holland einen Zaubergarten erscheinen ließ, und Johann Teutonicus, der Domherr zu Halberstadt.

Neue und stärkere Nahrung empfing der Glaube, dass durch die Verbindung mit dem Bösen übernatürliche Macht zu erlangen sei, am Ende des Mittelalters. Mit misstrauischem Auge sah das Volk auf die Gelehrten, die statt der Bibel und der christlichen Bücher die heidnischen Schriften durchforschten. Man meinte für ihr Tun keine andere Erklärung zu haben, als dass sie aus den geheimnisvollen griechischen und hebräischen Zeichen unenthüllte Geheimnisse übernatürlicher Art zu erlangen suchten. In der Tat ist auch ein solches Streben mit den Anfängen des Humanismus und der modernen Naturwissenschaft eng verknüpft gewesen. Die Schriften der Neuplatoniker, namentlich die viel gelesene des Jamblichos „De mysteriis Aegyptiorum“ und die jüdische Kabbala boten zahlreichen Anweisungen zur Gewinnung geheimnisvoller Kräfte und des Steins der Weisen, der alle menschliche Wünsche erfüllen sollte. Untrennbar verband sich die Vorstellung von verlorenen und nun wieder auffindbaren geheimen Künsten mit den ersten, auf Wiedergewinn antiker Weisheit und Schönheit gerichteten Bestrebungen. Um die Wende des fünfzehnten und sechzehnten Jahrhunderts umgab der Schimmer geheimnisvoller Macht alle diejenigen, die aus dem heidnischen Zauberbrunnen ihr Wissen schöpften. In dem Geruch der Zauberei stand der Abt Johannes Trithemius von Sponheim, der angeblich dem Kaiser Maximilian seine Gemahlin Maria von Burgund erscheinen ließ und in seinen Schriften sich gegen den Verdacht verbotener Kunst vergeblich zu wehren suchte. Er war der Lehrer des Paracelsus und des Agrippa, der berühmtesten Männer unter denen, die als Philosophen und Wunderärzte ihr Können dem Verkehr mit höheren Geistern zu verdanken behaupteten. Paracelsus nannte den Teufel oft seinen Freund und Gesellen, zitierte um Mitternacht ganze Schwärme böser Geister und schlug sich mit ihnen herum. Dabei ist er zugleich einer der Begründer der modernen medizinischen Wissenschaft. Er hat die Chemie in die Apotheken eingeführt, er hat zuerst eine Anzahl spezifischer Heilmittel und die wirksamsten Grundprinzipien der verschiedenen Stoffe aufgefunden.

Das Zeitalter der Reformation, in dem diese Männer wirkten, hat dem Teufel stärkere Gewalt als je zuvor verliehen. Für Luther war die Welt wirklich voller Teufel. Alles Schädliche wurde auf persönliche Einwirkung besonderer Teufel zurückgeführt. Es gab Fluch-, Ehe-, Jagd-, Sauf-, Zauber-, Haus-, Kleider-, Hosenteufel, und 1569 wurden die Schriften über sie in einem großen Sammelwerk, dem „theatrum diabolorum“ gesammelt, „daraus ein jeder Christ sonderlich und fleißig zu lernen, wie dass er in dieser Welt nicht mit Kaisern, Königen und Fürsten und Herren und andren Potentaten, sondern mit dem allermächtigsten Fürsten dieser Welt, dem Teufel, zu kämpfen und zu streiten habe.“ Für Luther verkörperte sich im Teufel ganz persönlich alles Schlechte, Widerwärtige, Feindselige. Goethe sagt darüber in den Materialien zur Geschichte der Farbenlehre: „Wie bequem macht's sich nicht Luther durch seinen Teufel, den er überall bei der Hand hat, die wichtigsten Phänomene der allgemeinen und besonders der menschlichen Natur auf eine oberflächliche und barbarische Weise zu erklären und zu beseitigen; und doch ist und bleibt er, der er war, außerordentlich für seine und für künftige Zeiten. Bei ihm kam es auf Tat an; er fühlte den Konflikt, in dem er sich befand, nur allzu lästig und indem er sich das sich ihm Widerstrebende recht hässlich, mit Hörnern, Schwanz und Klauen dachte, so wurde sein heroisches Gemüt nur desto lebhafter aufgeregt, dem Feindseligen zu begegnen und das Gehasste zu vertilgen.“ Nicht nur die berühmte Begegnung auf der Wartburg, auch viele Stellen in Luthers Schriften und Tischgesprächen zeugen davon. Der Gottesstreiter war fest davon durchdrungen, dass der Böse ihm immer wieder nahte, um ihn zu bekämpfen, und überwunden werden musste.

So kam es, dass durch die Reformation der alte Teufelsglaube zu gewaltiger Glut angefacht wurde. Die Ausnützung dieses Glaubens zu niedrigen Zwecken betrieben die fahrenden Schüler, die als Halbgelehrte den Universitäten entliefen. Schlau und selbstsüchtig hüllten sie sich mit Hilfe der neuen Wissenschaft und altüberlieferter oder selbsterfundener formelhafter Beschwörungen in den Schimmer geheimnisvoller Gewalt über die höllischen Geister, um leichten Gewinn, Befriedigung gemeiner sinnlicher Begierden und einen gefährlichen Gauklerruhm zu erlangen. So groß war bei Hoch und Niedrig die Furcht vor den dämonischen Mächten, dass diejenigen, die sich kühn des Bundes mit ihnen rühmten, darauf rechnen konnten, an Leib und Leben ungestraft zu bleiben, so lange sie ihr übernatürliches Vermögen nicht sichtbar zum Schaden der Nebenmenschen anwandten und der Betrug, auf den sich ihr Treiben in den meisten Fällen stützte, unentdeckt blieb. Hans Sachsens Schwank, „Der fahrend Schüler mit dem Teufelsbannen“ gibt uns ein lebendiges Bild von dem blinden Vertrauen und der Ehrfurcht, die in den unteren Ständen den frechen Aufschneidereien der Fahrenden entgegengebracht wurde, und zahlreicher Zeugnisse geistig und gesellschaftlich hochstehender Männer beweisen, dass der Glaube an ihr übernatürliches Vermögen von allen Ständen geteilt wurde.

Auf diesem Boden ist die Faust-Sage erwachsen. Sie erhielt das Andenken des kühnsten unter jenen Schülern des Paracelsus, von denen am 16. August 1561 der berühmte Naturforscher Gesner an Crato von Crafftheim, den Leibarzt

Ferdinands I., schreibt: „Sie treiben wertlose Astrologie, Geomantie, Nekromantie und andere Künste dieser Art. Ich vermute, dass ihr Treiben von den Druiden herstammt, die bei den alten Celten an unterirdischen Orten von Dämonen eine Reihe von Jahren hindurch Unterricht empfingen, ebenso wie das noch in unserer Zeit in Salamanca sicher geschehen ist. Aus dieser Schule sind die sogenannten fahrenden Schüler hervorgegangen, unter denen ein gewisser Faust, der noch nicht lange verstorben ist, auch nach seinem Tode wundersam gerühmt wird." Diesem Ansehen verdankt Faust die Unsterblichkeit, die ihm allein unter seinesgleichen zuteil wurde, daneben der ungewöhnlichen Kühnheit seines Treibens, vor allem aber dem Zufall, dass durch die Umstände seines Todes die Tatsache des Teufelsbundes besiegelt zu werden schien.

Georg Witkowski: *Goethes „Faust"*, Bd. 2. Leipzig 1908, S. 12-21.

3. DER HISTORISCHE FAUST

Über die historische Figur des Faust ist viel spekuliert und gestritten worden. Es gehört zu den besonderen Schwierigkeiten auf diesem Gebiet der Faust-Forschung, dass nur sehr wenige historische Quellen zur Verfügung stehen. Außerdem hat die schon bald nach Fausts Tod einsetzende Sagenbildung und die rasche literarische Verarbeitung des Stoffkreises historische Wahrheit mit dichterischer Phantasie vermischt.

Eine umfangreiche Biographie versucht Günther Mahal (*Faust. Die Spuren eines geheimnisvollen Lebens*. Bern 1980) aus den bekannten historischen Quellen zu erarbeiten. Dieser Arbeit ist in einigen Punkten widersprochen worden (vgl. Frank Baron: *Faustus. Geschichte, Sage, Dichtung*. München 1982.)

Wir geben die Ergebnisse der Untersuchung Barons hier gestrafft wieder und dokumentieren danach sämtliche Quellen, die zu Lebzeiten Fausts über ihn berichten.

„Die Widersprüchlichkeit im heutigen Bild des historischen Faustus könnte man zunächst knapp mit einer Frage zusammenfassen: Handelt es sich in Wirklichkeit um Georg Faustus von Helmstadt oder um Johann Faustus von Knittlingen? In der Faust-Forschung hat man von Anfang an den zweiten Namen mit besonderer Gunst betrachtet, ohne den ersten völlig aufzugeben. Obwohl solche Fragen, wie Faustus hieß, wo er geboren wurde und wo er, wenn überhaupt, studiert hatte, den Ausgangspunkt unserer Untersuchung bilden, geht es uns schließlich darum, die wenigen frühen Aussagen über Faustus in möglichst vollständigem Zusammenhang zu rekonstruieren. Dadurch erst werden die Gründe für das verwirrende Nebeneinander verschiedener Namen und Herkunftsbezeichnungen deutlich. Wenn wir den historischen Faustus als Georg Faustus von Helmstadt identifizieren und Johannes Faustus dagegen als eine Gestalt der Sage, handelt es sich nicht um eine willkürliche Entscheidung, sondern um die chronologische Darstellung der Aussagen über Faustus und um die Beschreibung der historischen Ereignisse, die mit den frühen Quellen unzweideutig in Zusammenhang stehen." (Baron, S. 7 f.)

Der Name der fraglichen Persönlichkeit lautet „Faustus", lateinisch für glücklich; das entspricht der Praxis von Gelehrten der Renaissance, die ihren Namen latinisierten oder gräcisierten und damit zugleich ein Programm verkündeten. Bei Faustus ist dies die Verheißung eines Astrologen und zugleich Werbung für seinen Beruf. Außerdem zeigt die Wahl dieses Namens, dass Faust sich als Gelehrter und Humanist verstand.

Aus der Analyse der in den Dokumenten genannten Namen lässt sich ersehen, dass dieser Mann sich Georg nannte; in späteren Erzählungen erst wurde daraus Johann. Nach Baron kann man davon ausgehen, dass dieser Georg Faustus aus dem etwa 20 Kilometer von Heidelberg entfernten Helmstadt stammt. Die Titel, die er sich zugelegt hat, verweisen auf Universitätsstudien und auf den Erwerb des Magistergrades. Nach Baron zeigt die Veränderung des Namens von Georg zu Johann Faustus zugleich die Umdeutung der Person des historisch verbürgten Gelehrten und Magiers in einen Zauberer und Teufelsbündner der Sage.

Als Geburtsjahr nimmt Baron 1466 oder 1467 an; am 9.1.1483 immatrikulierte sich ein Georg Helmstetter an der Universität Heidelberg. Baron sieht in dieser Person Faustus, der sich dort im Rahmen der üblichen scholastischen Bildung mit dem philosophischen Wissen seiner Zeit vertraut machte. Um 1485 hat er dort den Magistergrad erworben.

Eine Verbindung zu den berühmten Humanisten an der Heidelberger Universität ist nicht nachzuweisen.

„Die letzte Nachricht über Georg Helmstetter in Heidelberg zeigt, dass er als Magister die Bibliothek der philosophischen Fakultät benutzte. Wir können annehmen, dass er noch zwei Jahre an der Universität blieb, da die promovierten Magister verpflichtet waren, noch so lange als Lehrer für jüngere Studenten tätig zu sein. Johannes Virdung von Haßfurt (1463 bis um 1540), der neue Astrologe des Kurfürsten Philipp von der Pfalz, kam im Oktober 1492 nach Heidelberg. Da wir von Trithemius wissen, dass Virdung Faustus um diese Zeit noch nicht persönlich kannte, dürfen wir annehmen, dass Georg Helmstetter, der wahrscheinlich mit Faustus identisch ist, um diese Zeit nicht mehr in Heidelberg war.“ (Baron, S. 20 f.)

Die verschiedenen Quellen belegen, dass Faustus sich an verschiedenen Orten aufgehalten und dort als Magister, Zauberer und Wahrsager betätigt hat. Er gehörte nicht zum Kreis der Humanisten, wenn auch neben Negativem Positives über ihn berichtet wird. Sicher ist, dass die Auftritte als Magier beim Volke große Bewunderung auslösten.

Dem Bischof von Bamberg hat er ein Horoskop gestellt und wurde dort mit Hochschätzung behandelt; Franz von Sickingen stellt hohe Erwartungen an Faustus, die aber nach dem Zeugnis des Trithemius enttäuscht wurden. Über die Motive der sehr negativen Einschätzung durch diesen bekannten Humanisten, der sich selber rühmte, ein Magier zu sein, ist in der Literatur viel spekuliert worden (vgl. hierzu Mahal, S. 62 ff.).

Über den Tod des Faustus erfahren wir nichts Genaues; man nimmt an, dass er zwischen 1536 und 1538 gestorben ist. „Der historische Faustus hat selbst zwischen seinem Anspruch auf Gelehrsamkeit und seinem unsteten Wanderleben offenbar keinen Widerspruch empfunden. Aus den Quellen lässt sich mit Wahrscheinlichkeit schließen, dass er sich ein für seine Zeit eindrucksvolles Maß an Universitätsbildung erworben hatte, ohne sich freilich um weitere akademische Leistungen gekümmert zu haben. Mit Trithemius und Mutianus sehen wir seine Erscheinung im Gegensatz zum Bild eines würdigen Gelehrten. Er war ein vagierender Astrologe und Magier, der durch Prahlereien Aufmerksamkeit auf sich gezogen hatte. Manches spricht deutlich dafür, dass Begardi mit Recht behauptete, dass Faustus mit seinen Tricks viele betrogen habe. Faustus besaß jedoch Kenntnisse auf Gebieten, die seine Zeitgenossen, darunter auch seine Gegner, sehr ernst nahmen. Franz von Sickingen, Georg Schenk von Limpurg (Bischof von Bamberg), Philipp von Hutten und Daniel Stibar sind unter jene zu zählen, die die Kenntnisse des Faustus, der sich gerne Philosoph nannte, anerkannt haben. Faustus stand also in Beziehung zu jener bedeutenden Zeittendenz, die wir als eine Renaissance der Astrologie und Magie bezeichnen dürfen. Die hier untersuchten Zeugnisse zeigen, dass überraschend viele Gelehrte jener Zeit an der Erforschung dieser in der Antike geschätzten Gebiete interessiert waren. Von dieser Zeittendenz lässt sich nicht nur der Ruhm des Faustus, sondern auch der des Trithemius, Agrippa und Paracelsus verstehen. Die Gelehrsamkeit des Faustus, von dem ja überhaupt keine Briefe oder Schriften bekannt sind, ist nicht vergleichbar mit diesen Zeitgenossen, deren Bedeutung in der Geistesgeschichte und in der Geschichte der Naturwissenschaften anerkannt wird. Wichtig ist jedoch die Tatsache, dass Faustus zusammen mit Trithemius, Agrippa und Paracelsus den Ruhm der Renaissancemagiers förderte, der durch die Kenntnis der Natur magische Kräfte gewinnen wollte. Als Repräsentant der Renaissancemagie hat das Leben des historischen Faustus seine eigentliche Bedeutung, und eine Reaktion auf Faustus in diesem Sinne war dafür verantwortlich, dass sein Ruhm sich in eine ganz neue und eigenartige Richtung weiterentwickelte (Baron, S. 46 f.).

Gegen Barons Thesen wendet der Faustforscher Günther Mahal in seiner fundierten Faust-Biographie ein, dass Knittlingen der eigentliche Geburtsort des historischen Faust ist. Mahal leitet das dortige Faust-Museum und kann für seine Thesen vor allem auf die Spuren verweisen, die der historische Faust in seiner vermutlichen Vaterstadt hinterlassen hat. Mahal führt zusammenfassend dazu aus (Mahal, S. 346-348):

„Wann Faust gelebt hat, das ist lediglich in groben Zügen bekannt: um 1480 wurde er geboren, um 1540 starb er. Sein Sterbeort Staufen im Breisgau, verbürgt durch die verlässliche Chronik der Grafen von Zimmern, ist in der

Forschung allgemein anerkannt; die wenigen Konkurrenzangaben anderer Plätze ließen sich rasch als Missverständnisse oder als nachträgliche Legendenbildungen erkennen. Der Streit um Fausts Geburtsort scheint sich jedoch bis zum heutigen Tag nicht beruhigen zu wollen. Insbesondere Helmstadt bei Heidelberg wird auch noch in neuesten Untersuchungen gegenüber dem von Manlius/Melanchthon bezeugten Knittlingen ins Feld geführt. Freilich wäre mit der Manlius/Melanchthon-Stelle von 1563 allein die Beweislage für Knittlingen auch nicht gerade von unerschütterlicher Qualität gewesen. Die Urheberschaft Melanchthons ist zwar für Teile dieses Zeugnisses – und insbesondere für den Geburtsort-Hinweis – kaum bestreitbar, aber der Schreiber Manlius genießt schon unter seinen Zeitgenossen nicht eben den Ruf der Zuverlässigkeit und Faktentreue. Doch existiert für Knittlingen als Geburtsort Fausts mit dem Kaufbrief für das Haus neben der Kirche aus dem Jahr 1542 eine in ihrer geschäftsmäßigen Schlichtheit und amtlichen Nüchternheit weitere und unverdächtige Quelle, durch welche die entsprechende Passage beim Manlius/Melanchthon bekräftigt wird. – Während die Kilian-Leib-Quelle erst 1913 entdeckt wurde, so dass die Helmstadt-Hypothese erst im 20. Jahrhundert entstand, ließ sich für Knittlingen als Geburtsort Fausts sowohl aus literarischen wie aus kartographischen Zeugnissen des 17. und 18. Jahrhunderts als auch aus wiederholt nachweisbaren mündlichen Überlieferungen am Ort selbst eine ganze Reihe von Belegen dafür erbringen, dass längst vor allen kontroversen um Fausts Heimatstadt in dem zwischen der Pfalz, Württemberg und Baden immer wieder hin- und hergeschobenen Knittlingen das Andenken an den mit recht gemischten Gefühlen so genannten »größten Sohn der Stadt« lebendig blieb. Dass kein weiteres archivalisches Material über Faust in Knittlingen auftauchte, hat seinen Grund in den mehrfachen und stets radikalen Zerstörungen der gesamten Stadt. Was übrig geblieben war, das ging am Ende des Zweiten Weltkrieges zugrunde.

Möglicherweise lässt sich für Fausts Geburtstag der 23. April 1478 als exaktes Datum anführen. Zu diesem Ergebnis kommt der Versuch, die astrologische Propheten-Äußerung im Rebdorfer Zeugnis von 1528 beim Wort zu nehmen und dabei den von Faust in sämtlichen zeitgenössischen Quellen gebrauchten Vornamen Georg zur Grundlage einer astronomischen Berechnung zu machen. Dadurch wurde allerdings keineswegs ausgeschlossen, dass Faust wie ein Großteil seiner männlichen Zeitgenossen mit dem ersten Taufnamen Johannes hieß, wie ihn Manlius/Melanchthon nennen. Dieser Johann Georg Faust erschien in den lateinischen Texten der Gelehrten, wie hier gar nicht anders möglich, stets als Faustus. Alle Annahmen, dass ‚Faustus‘, ‚der Glückliche‘, nur ein zugelegter Name sei, dass sich demnach ein Mann ganz anderen Namens (z. B. Heimstetter, Sabel oder Savel) diesen Namen ‚Faustus‘ gemäß der herrschenden Humanistenmode als Amulett umgehängt habe, entbehren jeglicher Grundlage.

Schließlich stellt die von Knittlingens ‚sprechendem' Wappen ausgehende Herleitung von Knüttel zu lateinisch ‚faustis' zu ‚Faustus' nicht mehr dar als eine hübsche und zufällig auch noch recht gut passende Wortspielerei."

Es ist schwer zu entscheiden, wer von beiden Forschern die spärlich überlieferten Quellen richtig deutet; wenn man jedoch in Knittlingen die Dokumentation im Faust-Museum betrachtet und anschließend in dem Ort und in seiner Umgebung auf den Spuren Fausts wandert, so gewinnen die Argumente Mahals sehr viel mehr an Wahrscheinlichkeit als die Barons. Vor allem die Erinnerung an Faust, die bis heute in der Bevölkerung präsent ist, lassen Mahals Forschungen in viel klarerem Licht erscheinen als die oft nur theoretisch hergeleiteten Behauptungen Barons.

4. ZEITGENÖSSISCHE DOKUMENTE ÜBER FAUSTUS

Die folgenden Dokumente sind dem Buch von Mahal entnommen, der die Originale auch als Faksimiles veröffentlicht.

I. Johannes Trithemius (1507)

„Jener Mensch, über welchen du mir schreibst, Georg Sabellicus, welcher sich den Fürsten der Nekromanten zu nennen wagte, ist ein Landstreicher, leerer Schwätzer und betrügerischer Strolch, würdig, ausgepeitscht zu werden, damit er nicht ferner mehr öffentlich verabscheuungswürdige und der heiligen Kirche feindliche Dinge zu lehren wage. Denn was sind die Titel, welche er sich anmaßt, anders als Anzeichen des dümmsten und unsinnigsten Geistes, welcher zeigt, dass er ein Narr und kein Philosoph ist! So machte er sich folgenden ihm konvenierenden Titel zurecht: Magister Georg Sabellicus Faust der Jüngere, Quellbrunn der Nekromanten, Astrolog, Zweiter der Magier, Chiromant, Aeromant, Pyromant, Zweiter in der Hydromantie. – Siehe die törichte Verwegenheit des Menschen; welcher Wahnsinn gehört dazu, sich die Quelle der Nekromantie zu nennen! Wer in Wahrheit in allen guten Wissenschaften unwissend ist, hätte sich lieber einen Narren, denn einen Magister nennen sollen. Aber mir ist seine Nichtswürdigkeit nicht unbekannt. Als ich im vorigen Jahre aus der Mark Brandenburg zurückkehrte, traf ich diesen Menschen in der Nähe der Stadt Gelnhausen an, woselbst man mir in der Herberge viele von ihm mit großer Frechheit ausgeführte Nichtsnutzigkeiten erzählte. Als er von meiner Anwesenheit hörte, floh er alsbald aus der Herberge und konnte von niemandem überredet werden, sich mir vorzustellen. Wir erinnern uns auch, dass er uns durch einen Bürger die schriftliche Aufzeichnung seiner Torheit, welche er dir gab, überschickte. In jener Stadt erzählten mir Geistliche, er habe in Gegenwart vieler gesagt, dass er ein so großes Wissen und Gedächtnis aller Weisheit erreicht habe, dass, wenn alle Werke von Plato und Aristoteles samt all ihrer Philosophie durchaus aus der Menschen Gedächtnis verloren gegangen wären, er sie wie ein zweiter Hebräer Esra durch sein Genie sämtlich und noch treffender wiederherstellen wolle. Als ich mich später in Speyer befand, kam er nach Würzburg und soll sich in Gegenwart vieler Leute mit gleicher Eitelkeit gerühmt haben, dass die Wunder unseres Erlösers Christi nicht anstaunenswert seien; er könne alles tun, was Christus getan habe, so oft und wann er wolle. In den Fasten dieses Jahres kam er nach Kreuznach, wo er sich in gleicher großsprecherischer Weise ganz gewaltiger Dinge rühmte und sagte, dass er in der Alchemie von allen, die je gewesen, der Vollkommenste sei und wisse und könne, was nur die Leute wünschten. Während dieser Zeit war die Schulmeisterstelle in gedachter Stadt unbesetzt, welche ihm auf Verwendung von Franz von Sickingen, dem Amtmann deines Fürsten, einem nach mystischen Dingen überaus begierigen Manne, übertragen wurde. Aber bald darauf begann er mit Knaben die schändlichste Unzucht zu treiben und entfloh, als die Sache ans Licht kam, der ihm drohenden Strafe. Das ist es, was mir nach dem sichersten Zeugnis von jenem Menschen feststeht, dessen Ankunft du mit so großem Verlangen erwartest."

Brief des Johannes Trithemius an Johann Virdung.

In: Johannes Trithemius, *Epistolae familiäres.* Haganoae 1536, S. 312 ff.

Original: Rom, Vatikanische Bibliothek, Pal. Lat. 730, 174^{r}-175^{r}.

II. Mutianus Rufus (1513)

„Vor acht Tagen kam ein Chiromant nach Erfurt, namens Georgius Faustus Helmitheus Hedelbergensis, ein bloßer Prahler und Narr. Seine Kunst, wie die aller Wahrsager, ist eitel, und eine solche Physiognomie leichter als eine Wasserspinne. Die Dummen sind voller Bewunderung. Gegen ihn sollten sich die Theologen erheben, statt dass sie den Philosophen Reuchlin zu vernichten suchen. Ich hörte ihn im Wirtshaus schwatzen; ich habe seine Anmaßung nicht gestraft; denn was kümmert mich fremde Torheit?"

Brief des Conradus Mutianus an Henricus Urbanus.

In: Wilhelmus Ernestus Tentzelius, *Svplementvm Historiae Gothanae Primvm Conradi Mvtiani Rvfi ... Epistolas Plervmque Ineditas Carmina Et Elegia Complectens.* [Bd. 1] Ienae 1707, S. 95.

Original: Frankfurt/Main, Stadt- und Universitätsbibliothek, Cod. lat. oct. 8, fol. 97^{r}.

III. Der Bischof von Bamberg (1520)

„Item X guld[en] geben und geschenkt doctor faustus ph[ilosoph]o zuvererung hat m[einem] g[nedigen] herrn ein nativitet oder Indicium gemacht, zalt am Sonntag nach stolastice Jussit R[everendissi]mus."

Hofkammerrechnung des Bamberger Bischofs.

In: Johann Mayerhofer, „Faust beim Fürstbischof von Bamberg". In: *Vierteljahrsschrift für Litteraturgeschichte* 3, 1890, H. 1, S. 177 f.

Original: Bamberg, Staatsarchiv, Bestand A 231, Nr. 1741.

IV. Kilian Leib (1528)

„Georgius Faustus helmstet, sagte am 5. Juni: wenn Sonne und Jupiter im gleichen Grad eines Sternzeichen stehen, dann werden Propheten geboren (vielleicht wie seinesgleichen). Er versicherte, dass er Kommendator oder Präzeptor einer kleinen Niederlassung der Johanniter im Grenzgebiet Kärntens sei, namens Hallestein.“

Wettertagebuch des Priors Kilian Leib.

In: Karl Schottenloher, *Der Rebdorfer Prior Kilian Leib* [Faks.].

In: *Reizler-Festschrift. Beiträge zur bayerischen Geschichte.* Gotha 1913, S. 92 f.

Original: München, Bayerische Staatsbibliothek, 4° L. impr. c. n. MSS. 73, Fol. 275^{r}.

V. Ingolstadt (1528)

„Dem warsager soll befolhen werden dass er zu der stat auszieh und seinen pfennig anderswo verzere.“

„Am mitwoch nach Viti anno 1528 ist ainem der sich genant Doctor Jörg Faustus von Haidlberg gesagt dass er seinen pfennig anderswo verzer, und hat angelobt solche Erforderung für die Obrigkeit nit ze anten noch zu äffern.“

Protokolle der Stadt Ingolstadt.

In: Ostermair, *Zur Faust-Sage. Doctor Faust 1528 in Ingolstadt.*

In: *Oberbayerisches Archiv für vaterländische Geschichte* 32, 1872/73, H. 2/3, S. 336.

Originale: Ingolstadt, Stadtarchiv, Ratsprotokolle, 1523/94 fol. 70^{v} und 1527/30 folg. 49^{v}.

VI: Nürnberg (1532)

„Doctor fausto, dem großen Sodomitten und Nigromantico zu furr, glait ablainen. Burg[ermeister] Ju[ni]or.“

Geleit-Ablehnung durch die Stadt Nürnberg.

In: Franz Neubert, *Vom Doctor Faustus zu Goethes „Faust“.* Leipzig 1932, S. 16.

Original: Nürnberg, Staatsarchiv, Verlässe des inneren Rates, aus Nr. 810.

VII. Joachim Camerarius (1536)

„Vor kurzem hatte ich eine sehr schlimme Nacht, als der Mond dem Mars in den Fischen gegenüberstand. Dein Freund Faust hat es fertig gebracht, dass ich Gefallen daran finde, diese Dinge mit dir zu besprechen. Er hätte dich allerdings besser etwas aus dieser Disziplin gelehrt, als dass er dich aufgeblasen hätte mit dem Windchen hohlsten Aberglaubens und dich in Spannung gehalten hätte mit ich weiß nicht was für Blendwerk. Aber was sagt er uns eigentlich? Was also? Ich weiß nämlich, dass du dich über all das sorgfältig erkundigt hast. Wird der Kaiser siegen? Das muss allerdings geschehen."

Brief des Joachim Camerarius an Daniel Stibar.

In: Joachim Camerarius, *Libellus Novus, Epistolas Et Alia Qvaedam Monvmenta Doctorvm superioris et huius aetatis complectens.*

Lipsiae 1568, Bl. 161 b-162 a. [Original nicht nachweisbar.]

VIII. Philipp Begardi (1539)

„Es wirt noch eyn namhafftiger dapfferer mann erfunden: ich wolt aber doch seinen namen nit genend haben / so wil er auch nit verborgen sein / noch unbekant. Dann er ist vor etlichen jaren vast durch alle landschafft Fürstenthuomb vnnd Königreich gezogen / seinen namen jedermann selbs bekant gemacht / vnd seine große kunst / nit alleyn der artznei / sonder auch Chiromancei / Nigromancai / Visionomei / Visiones imm Cristal / vnd dergleichen mer künst/sich höchlich berümpt. Vnd auch nit alleyn berümpt, sonder sich auch eynen berümpten und erfarnen meyster bekant vnnd geschriben. Hat auch selbs bekant / vnd nit geleugknet / dass er sei / vnnd heyß Faustus, domit sich geschriben Philosophum Philosophorum etc. Wie vil aber mir geklagt haben, dass sie von jm seind betrogen worden, deren ist eyn große zal gewesen. Nuon sein verheyssen ware auch groß / wie des Tessali: dergleichen sein rhuom / wie auch des Theophrasti: aber die that / wie ich noch vernimm, vast kleyn vnd betrüglich erfunden: doch hat er sich imm gelt nemen, oder empfahen (das ich auch recht red) nit gesaumpt / vnd nachmals auch imm abzugk / er hat / wie ich betracht / vil mit den ferßen gesegnet. Aber was soll man noun darzuthuon, hin ist hin / ich wil es jetzt auch do bei lassen / luog du weiter / was du zuschicken hat."

Stellungnahme des Wormser Stadtarztes Philipp Begardi.

In: Philipp Begardi, *Index sanitatis. Eyn Schöns und vast nützlichs Büchlin, genant Zeyger der gesundtheyt.* Wormbs 1539, B. XVIIa.

IX. Philipp von Hutten (1540)

„Hie habt ihr von allen Gubernationen ein wenig, damit ihr sehet, dass wir hie in Venezola nicht allein bißher unglücklich gewest sein, diese alle obgemelte Armata verdorben seind jnnerhalb 3. Monathe, vor und nach uns zu Sevilla ausgefahren, dass ich bekennen muss, dass es der Philosophus Faustus schier troffen hat, dann wir ein fast bößes Jahr antroffen haben, aber Gott hab Lob ist uns fast unter allen andern am besten gangen."

Brief Philipp von Huttens an Moritz von Hutten.

In: „Zeitung aus India. Aus seiner, zum Theil unleserlich gewordenen Handschrift".

In: *Historisch-litterarisches Magazin.* Hrsg. von Johann Georg Meusel. Th. 1. Bayreuth und Leipzig 1785, S. 93. [Original verschollen.]

5. ZEITTAFEL ZUM HISTORISCHEN FAUSTUS UND ZUR FAUST-GESTALT DER SAGE

I. Geschichte

um 1480	wird Faust - vermutlich Johann Georg Faust - in Knittlingen geboren.
1505	Johann Faust aus Symmern in der Diözese Mainz wird als Student in Heidelberg immatrikuliert. Vermutlich ist dieser F(a)ust, der 1509 sein Baccalaureatsexamen glänzend besteht, mit dem Knittlinger Johann Georg Faust nicht identisch.
1507	Johannes Trithemius, ehemals Abt von Sponheim und nun Abt von St. Jakob in Würzburg, schreibt im August an Johann Virdung, Mathematiker und Hofastrologe in Heidelberg (erstes Faust-Zeugnis).
1513	Mutianus Rufus, Kanonikus und humanistischer Privatgelehrter in Gotha, schreibt seinem Freund Heinrich Urbanus nach Erfurt, er habe Faust in einem Wirtshaus beobachtet.
etwa 1516	Faust hält sich möglicherweise in Maulbronn auf, als Alchemist zum Goldmachen engagiert von Abt Johann Entenfuß.
1520	Vom Bamberger Bischof Georg III., Schenck von Limpurg, erhält Faust für ein Geburtshoroskop das großzügige Honorar von 10 Gulden.
1528	Möglicherweise handelt es sich bei dem in Paris eingetroffenen Magier, von dem Agrippa von Nettesheim in einem Brief ohne Nennung des Unbekannten berichtet, um Faust.
1528	Der Prior des Klosters Rebdorf bei Eichstätt, Kilian Leib, empfängt Faust.
1528	Im Juni, 12 Tage nach seinem Rebdorfer Auftritt, wird Faust als Wahrsager aus Ingolstadt ausgewiesen.
1532	Faust hält sich in Fürth auf. Seine Bitte um Geleit nach Nürnberg wird vom Rat der Reichsstadt abgelehnt. Im Ablehnungsbescheid wird Faust als Sodomit und Nigromant bezeichnet.
etwa 1534	Faust stellt Philipp von Hutten, vermutlich in Augsburg, eine ungünstige Prognose für dessen Expedition nach Venezuela.

1535	Faust soll vom hessischen Korbach aus die Rückeroberung des westfälischen Münsters vorhergesagt haben.
1536	Joachim Camerarius, Altphilologie-Professor an der Tübinger Universität, erkundigt sich bei seinem Freund, dem Würzburger Domherrn Daniel Stibar, nach Fausts Prognosen zum neuerlichen Krieg zwischen Karl V. und Franz I.
etwa 1537	Fausts Name taucht in Luthers Tischgesprächen auf.
1539	Philipp Begardi, Stadtphysikus in Worms, charakterisiert Faust als Paradebeispiel ärztlicher Kurpfuscherei und Beutelschneiderei.
1540	In einem Brief vom 16. Januar aus Coro in Venezuela bestätigt Philipp von Hutten die Richtigkeit von Fausts (wohl schon 1534 gestellter) Prognose, die Expedition werde übel verlaufen.
etwa 1540	Faust stirbt in Staufen im Breisgau, möglicherweise eines unnatürlichen Todes.
seit 1540	setzt die Legendenbildung um Faust ein.
1563	Johann Manlius aus Ansbach zitiert eine Aussage seines Wittenberger Universitätslehrers Philipp Melanchthon, nach welcher Faust in Knittlingen geboren worden sei.
etwa 1565	Die Chronik der Grafen von Zimmern berichtet über Fausts Tod in Staufen.
etwa 1570	Christoff Roshirt der Ältere notiert sechs Nürnberger Faustgeschichten.
etwa 1580	Zacharias Hogel bringt weitere Faustgeschichten in seiner „Chronica von Thüringen und der Stadt Erffurth".
etwa 1585	Die „Wolfenbütteler Handschrift" versammelt einen Großteil der Faustgeschichten, die 1587 in der *Historia von D. Johann Fausten* erstmals gedruckt vorliegen.
1587	Die *Historia von D. Johann Fausten* erscheint in Frankfurt am Main, das erste sogenannte Volksbuch vom Doktor Faust.
1588	Der Tübinger „Reim-Faust" wird von Johannes Feinaug verfasst.
1588	In einem Bericht über einen Nürnberger Umzug werden Figuren eines Faust-Spieles beschrieben; Nachrichten über dieses Spiel fehlen. Bis heute ist die Frage ungeklärt, ob es vor Christopher Marlowes *Tragical History* (vgl. etwa 1590) ein deutschsprachiges Faust-Drama gab.

1589	Das erste Faust-Gedicht in englischer Sprache, eine Ballade mit dem Titel „The Judgment of God shewed upon one John Faustus, Doctor in Divinity“ erscheint.
etwa 1590	englische Übersetzung der *Historia* (Grundlage für Christopher Marlowes Dramatisierung). Vielleicht erst 1592 entsteht das erste bekannte Faust-Drama: Christopher Marlowes *The Tragicall History of (the horrible Life and Death of) Doctor Faustus*. - Faust ist hier nicht mehr der Bösewicht und Teufelsbraten der *Historia*, sondern ein scheiternder Titan, der zu hoch hinaus wollte. - Auf Marlowes Tragödie basieren die Volksschauspiele, die seit dem frühen 17. Jahrhundert von den Englischen Komödianten auf dem europäischen Festland gezeigt werden; auf Marlowe und den Volksschauspielen basieren wiederum die Puppenspiele.
1593	erscheint der „Ander theil D. Johann Fausti Historien, darinn beschriben ist Christophori Wageners, Fausti gewesenen Discipels auffgerichteter Pact mit dem Teuffel...“.
1599	Als zweiter „Volksbuch“-Typ erscheint Georg Rudolff Widmans „Wahrhafftige Historie von den grewlichen vnd abschewlichen Sünden vnd Lastern, auch von vielen wunderbarlichen vnd seitzamen ebentheuren: So D. Iohannes Faustus Ein weitberuffener Schwartzkünstler vnd Ertzzäuberer, durch seine Schwartzkunst, biß an seinen erschrecklichen end hat getrieben...“
1608	Die Englischen Komödianten führen ein Faust-Stück in Graz auf. Als weitere Spielorte des 17. Jahrhunderts sind bekannt: Dresden 1626, Prag 1651, Hannover 1661, Danzig 1669, München 1681 und 1685, Bremen 1688, Basel 1696, Hamburg 1698.
1674	Nikolaus Pfitzer, Arzt in Nürnberg, bringt einen neuen „Volksbuch“-Typ - den dritten nach der *Historia* von 1587 und nach Widman 1599; gegenüber Widman kürzt Pfitzer.
1683	Johann Georg Neumann legt mit seiner Doktorarbeit die erste größere wissenschaftliche Untersuchung über Faust vor.
etwa 1700	wird das auf der Schauspielbühne beliebte Faust-Drama auch von den Puppenspielern in ihr Repertoire übernommen.
1725	Ein anonymer „Christlich-Meynender“ veröffentlicht eine stark verkürzte Version des Volksbuchs vom Doktor Faust. Diesen Text hat Goethe wahrscheinlich vor seiner Arbeit am Fauststoff gelesen.

6. DIE FAUST-BÜCHER

Schon 1548 behauptet der Baseler Pfarrer Gast, dass Faust, dessen Leichnam man auf dem Gesicht liegend gefunden habe, vom Teufel geholt worden sei. Ein paar Jahre später nennt eine Chronik Staufen im Breisgau als Todesort. Nach 1556 wurden in Universitätskreisen die Erfurter Faust-Geschichten aufgezeichnet. Um 1570 schrieb in Nürnberg Schulmeister Rosshirt, der einst in Wittenberg studiert hatte, auf die freien Blätter seiner Sammlung von Luthers Tischreden allerhand Faust-Sagen. Etwa gleichzeitig verbreitete sich von Wittenberg aus eine Sammlung von Faust-Sagen, zuerst in lateinischer, dann in deutscher Sprache. Aus ihr ging das erste Faust-Buch hervor. Es ist aber erst durch **Johann Spieß** 1587 in Frankfurt a. M. zum Druck gebracht worden.

„HISTORIA von D. Johann Fausten / dem weit beschreyten Zauberer vnnd Schwartzkünstler / wie er sich gegen den Teuffel auff seine benandte zeit verschrieben. / Was er hierzwischen für seltzame Abentheuwer gesehen / selbst angerichtet vnd getrieben / biß er endtlich seinen wol verdienten Lohn empfangen. Mehrertheils auß seinen eygenen hinderlassenen Schrifften / allen hochtragenden / fürwitzigen und Gottlosen Menschen zum schrecklichen Beyspiel abscheuwlichen Exempel / und treuwhertziger Warnung zusammen gezogen / vnd in den Druck verfertiget Jacobi III. Seyt Gott vnderthänig / widerstehet dem Teuffel / so fleuhet er von euch CUM CRATIA ET PRIVILEGIO. Gedruckt zu Frankfurt am Mayn durch Johann Spies. MDLXXXVII."

Das Buch umfasst 69 Kapitel und wird eingeleitet durch zwei Vorreden, wovon die eine an zwei angesehene Beamte, die andere an den christlichen Leser gerichtet ist. Der Herausgeber behauptet, die Handschrift von einem guten Freund zur Veröffentlichung erhalten zu haben. Zugrunde liegen sollen ihr Aufzeichnungen Fausts und seiner Bekannten, die nun durch allerhand wissenschaftliche Belehrungen und theologisch-biblische Warnungen unter lutherischem Gesichtspunkt erweitert worden sind.

Nach dieser Darstellung ist Faust ein Bauernsohn aus Roda bei Weimar. Ein reicher Vetter lässt ihn in Wittenberg Theologie studieren, er wird aber Astrolog, Mathematikus und Arzt. Im Spesserwald (Spessart?) bei Wittenberg (Miltenberg?) beschwört er den Teufel nachts zwischen neun und zehn Uhr auf einem Kreuzweg und bestellt den sich als Mönch zeigenden Geist für den nächsten Tag auf Mitternacht in seine Wohnung. Jedoch erst beim übernächsten Erscheinen verpflichtet sich der Geist, der inzwischen erst die Einwilligung seines höllischen Herrn einholen musste, zu vierundzwanzigjährigem Dienst, wofür Faust unter Ableugnung des christlichen Glaubens Leib und Seele preisgibt. Als Faust zur Unterschrift des Blutvertrages sich die Hand ritzt, erscheinen blutige Worte: „O homo, fuge!“ (Mensch, fliehe). Der Geist erfüllt ihm von da an alle Wünsche. Nur als Faust eine Ehe eingehen will, erscheint der Teufel selbst, lässt ihm dann aber von seinem Geist Buhlteufel in weiblicher Gestalt zuführen. In langen, viele Kapitel umfassenden Ausführungen erhält Faust Aufklärung über Himmel und Hölle. Er fährt sogar zum Sternenhimmel auf und reist hin und her durch Europa, wobei auch Papst und Sultan getroffen werden. Selbst Afrika und Asien werden aufgesucht. Der letzte Teil enthält außer allerhand Zauberstreichen die Beschwörung Alexanders des Großen vor dem Kaiser, ferner die Beschwörung Helenas und das Zusammenleben mit ihr sowie die Geburt seines Sohnes Justus: „Als er aber hernach um sein Leben kam, verschwanden zugleich mit ihm Mutter und Sohn.“ An seinem vertragsgemäß letzten Lebenstag lässt sich Faust von seinen Studenten in das Dorf Rimlich bei Wittenberg begleiten. Nachts zwischen zwölf und ein Uhr, als Faust nach tränenreichem Abschied bereits zu Bett gegangen ist, entstehen ungeheurer Lärm und Hilfegeschrei im Zimmer, und am nächsten Morgen finden die Studenten nur noch blutbespritzte Wände sowie die Augen und einige Zähne von Faust. Sein Leichnam liegt draußen auf dem Mist. Nach seinem Begräbnis finden die Studenten in Wittenberg die von ihm selbst aufgezeichnete Lebensgeschichte, der sie nur das Ende noch hinzuzufügen brauchen.

Ein solches Buch, das mit dem geschichtlichen Faust allerdings kaum noch etwas zu tun hatte, kam dem Zeitgeschmack entgegen. Allein aus dem Erscheinungsjahr kennen wir fünf verschiedene Drucke. Vermehrte Ausgaben und umgearbeitete Fassungen folgten. Dabei wurden auch Geschichten von anderen Teufelsbündnern auf Faust übertragen. Besonders wichtig ist die zwei Jahre später eingeschobene Folge neuer Kapitel, die auf Erfurter Erzählungen beruhen. Darin findet sich die wohl ungeschichtliche Vermahnung Fausts durch Doctor Klinge, ferner auch erstmalig der Fassritt zu Leipzig, wobei jedoch der Name des Weinkellers noch nicht genannt ist, sowie, davon unabhängig, das Hervorzaubern von Weinen aus einem angebohrten Holztisch.

Dem Bedürfnis, von dem Schwarzkünstler und Erzzauberer immer mehr zu erfahren, gleichviel ob es Geschichte oder Sage war, kam **Georg Widmann** mit einem 1599 zu Hamburg gedruckten und 671 Seiten umfassenden Quartband entgegen. Er trägt die Aufschrift: „Die wahrhaftigen Historien von den gräulichen und abscheulichen Sünden und Lastern/auch von viel wunderlichen und seltsamen Abenteuern, so Doctor Johann Faustus, ein weitberufener Schwarzkünstler und Erzzauberer, durch seine Schwarzkunst bis an seinen erschrecklichen End’ hat getrieben [...].“ Widmann lässt Fausts Liebschaften und die ihm unsinnig erscheinenden naturwissenschaftlichen Disputationen weg, versucht die Ereignisse aus der Zeit Karls V. in die von Kaiser Maximilian zurückzuverlegen und damit von der Gegenwart abzurücken; er gewinnt vor allem Raum zu allerhand Erinnerungen und Exempeln, die zu lutherisch-theologisch bestimmter Lehre und Warnung dienen sollen.

In einer Neubearbeitung von Widmanns Buch verzichtete der Nürnberger Arzt **Nikolaus Pfitzer** 1674 auf viele unnötige Längen, nahm dafür die Liebesgeschichten wieder auf und brachte dabei auch Fausts Liebe zu einer „ziemlich schönen doch armen Magd". Wichtig ist bei ihm auch der Hinweis auf das Buch Hiob, in dem der Satan dem Herrn eine Probe auf Hiobs Gottergebenheit vorschlägt. (Wir wissen, dass Goethe um die Zeit, als er seinen Prolog im Himmel schuf, aus der Weimarer Bibliothek das Pfitzersche Faust-Buch entlieh.) Wie sehr dieses Buch die Aufmerksamkeit von neuem auf den Erzzauberer lenkte, zeigt, dass es sogar zum Gegenstand wissenschaftlicher Untersuchung gemacht wurde. Die „Disquisition historica de Fausto praestigiatore" (Wittenberg 1683 u. ö.) lag einer Disputation unter dem Vorsitz des Magisters Neumann zugrunde, deren Übersetzung unter dem Titel *J. G. Neumanns curieuse Betrachtungen S. Faustens* 1702 erschien und noch 1743 nachgedruckt wurde.

Durch diese Erörterung beeinflusst, zog unter Weglassung des theologischen, philosophischen und sich naturwissenschaftlich gebenden Beiwerks ein *Christlich Menender,* der seinen wirklichen Namen verschweigt, 1725 Pfitzers Buch „in eine beliebige Kürze" zusammen. In dieser Fassung, die sich durch einen flüssigeren Stil auszeichnet und die Glaubwürdigkeit der Sagen kritisch beurteilt, verbreitet sich das Faust-Buch im Jahrhundert der Aufklärung. Es wurde auf schlechtem Löschpapier gedruckt und auf Jahrmärkten feilgeboten. In dieser Form hat Goethe wohl schon als Kind die Sage gelesen.

Theodor Friedrich/Lothar J. Scheithauer: *Kommentar zu Goethes „Faust".* Stuttgart 1974, S. 15-19.

7. HISTORIA VON D. JOHANN FAUSTEN / DES WEITBESCHREYTEN ZAUBERERS / GEBURT UND STUDIJS.

Doctor Faustus ist eines Bauren Sohn gewest, zu Rod bei Weimar gebürtig, der zu Wittenberg eine große Freundschaft gehabt, desgleichen seine Eltern gottselige und christliche Leut, ja sein Vetter, der zu Wittenberg seßhaft, ein Bürger und wohl vermögens gewest; welcher D. Fausten auferzogen und gehalten wie sein Kind. Dann dieweil er ohne Erben war, nahm er diesen Faustum zu einem Kind und Erben auf, ließ ihn auch in die Schul gehen, Theologiam zu studieren; er aber ist von diesem gottseligen Fürnehmen abgetreten und hat Gottes Wort mißbraucht. Derhalben wir aber solche Eltern und Freund, die gern alles Guts und das Best gesehen hätten (wie solches alle frommen Eltern gern sehen), ohne Tadel sein lassen, und sie in die Historiam nicht mischen sollen; so haben auch seine Eltern dieses gottlosen Kindes Greuel nicht erlebt noch gesehen. Denn einmal ist gewiß, daß diese Eltern des Fausti (wie männiglich in Wittenberg bewußt) sich ganz herzlich erfreuet haben, daß ihr Vetter ihn als sein Kind Aufnahme. Und als darnach die Eltern sein trefflich ingenium und memoriam an ihm verspürten, ist gewißlich erfolget, daß diese Eltern große Fürsorg für ihn getragen haben, gleich wie Hiob am 1. Capitel für seine Kinder gesorget hat, damit sie sich am Herrn nicht versündigten. Es folgt darneben gar oft, daß fromme Eltern gottlose, ungeratcne Kinder haben, wie am Cain, Genesis 4, an Ruben, Genesis 49, am Absalon, 2. Könige 15 und 18, zu sehen ist. Das ich darum erzähle, dieweil ihrer viel gewest, so diesen Eltern viel Schuld und Unglimpf fürwerfen und sprechen, sie hätten ihm allen Mutwillen in der Jugend zugelassen und ihn nicht fleißig am Studieren gehalten; item, da sie seinen geschwinden Kopf gesehen haben, und er zu der Theologia nicht viel Lust gehabt, und darzu bekannt, auch öffentlich ein Ruf und Sag gewest, er gehe mit der Zauberei um, ihn bei Zeiten sollten gewarnet und davon abgemahnet haben: solches alles aber sein somnia, dieweil an ihnen keine Schuld ist.

Als D. Faust eines ganz gelernigen und geschwinden Kopfs zum Studieren qualifiziert und geneigt war, ist er hernach in seinem Examine vor den Rectoribus so weit kommen, daß man ihn in dem Magistrat examiniert, und neben ihm auch 16 Magistros, denen ist er im Gehöre, Fragen und Geschicklichkeit obgelegen und gesieget, also daß er seinen Teil genugsam studieret hat, war also Doctor Theologiae. Daneben hat er auch einen thummen, unsinnigen und hoffärtigen Kopf gehabt, wie man ihn denn alle Zeit den Speculierer genennet hat, ist zur bösen Gesellschaft geraten, hat die Hl. Schrift ein Weil hinter die Thür und unter die Bank gelegt, ruch- und gottlos gelebt, wie denn diese Historia hernach genugsam bezeuget. Aber es ist ein wahr Sprichwort: Was zum Teufel will, das läßt sich nicht aufhalten, noch ihm wehren. Zudem fand D. Faustus seinesgleichen, die gingen um mit Chaldäischen, Persischen, Arabischen und Griechischen Worten, figuris, characteribus, conjurationibus, incantationibus, und wie solche Namen der Beschwörung und Zauberei mögen genennet werden. Das gefiel D. Fausto wohl, speculiert und studiert Tag und Nacht darinnen, wollt sich hernach keinen Theologum mehr nennen lassen, ward ein Weltmensch, nannte sich einen D. Medicinae, ward ein Astrologus und Mathematicus und zum Glimpf ein Arzt. Half auch erstlich vielen Leuten mit der Arznei, mit Kräutern, Wurzeln, Wassern, Tränken, Recepten und Clistieren. Darneben war er redsprechig, in der göttlichen Schrift wohlerfahren. Er wußte die Regel Christi gar wohl: Wer den Willen des Herrn weiß und thut ihn nicht, der wird zwiefach geschlagen. Item, niemand kann zweien Herren dienen. Item, du sollst Gott den Herrn nicht versuchen. Dies alles schlug er in den Wind, setzte seine Seel ein Weil über die Überthür, darum bei ihm keine Entschuldigung sein soll.

HISTORIA von D. Johann Fausten
dem weitbeschreyten Zauberer und Schwarzkünstler. Stuttgart 1977, S. 6-8.

8. FAUST-DRAMEN

Aber das gelehrt-kritische Faust-Buch ist keineswegs die einzige literarische Gattung, in der der Faust-Stoff auf das folgende Jahrhundert einwirkte. Daneben bildete sich noch das *Faust-Drama.*

Die bühnengemäße Fassung nahm ihren Weg von England her. Bereits unmittelbar nach dem Erscheinen des ersten Faustbuches muss die Faust-Sage dort bekannt geworden sein, denn wir wissen nicht nur von einer bald danach gedruckten Faust-Ballade, sondern schon das erste englische Faust-Buch von 1592 gibt sich als neue und verbesserte Ausgabe. Vor allem aber ist bereits am 1. Juni 1593 der Mann gestorben, der das erste Faust-Drama geschrieben hat. **Christopher Marlowe** ist vor Shakespeare der erste bedeutende Dramatiker, der im Zeitalter der Königin Elisabeth die Bühnenkunst von den Moralitäten und Staatsaktionen zum wirklichen Drama emporhob. Allerdings ist uns sein Drama *The tragical history of Doctor Faustus*, das er wohl schon vor 1589 geschrieben hat, nicht mehr in der Urfassung, sondern in verschlechternden Bearbeitungen erhalten. Aber auch so noch lässt es erkennen, wie der Dichter, der sich bis in Einzelheiten an das Faust-Buch anschließt, den Stoff seelisch vertieft und tragisch erhöht hat.

Zuerst Marlowe, der seine Dichtung mit einer Ansprache des Chors einleitet, bringt zu Beginn im Studierzimmer das nächtliche Selbstgespräch, in dem Faust die verschiedenen Universitätswissenschaften abwägt und verwirft und insbesonderc auch der Theologie entsagt, um dafür aus den Büchern der Magier letzte Erkenntnis und zugleich höchste Macht zu schöpfen. Weiterhin stellt er Faust zwischen zwei rechts und links von ihm erscheinende Engel, von denen ihn der gute warnt, der böse lockt. Faust beschwört dann, von zwei Deutschen in die Magie eingeführt, den Mephostophilis – so heißt er hier – und veranlasst diesen, sich in Gestalt eines Franziskanermönchs zu offenbaren. Obwohl dieser über die Qual verlorener Seligkeit klagt, lässt sich Faust nicht schrecken und nimmt den ewigen Tod in Kauf, wenn ihm nur 24 Jahre lang der Genuss aller Wonnen der Erde zuteil wird. Auch bei Marlowe noch wird der Vertrag abgeschlossen, nachdem Mephistophilis die Erlaubnis dazu von Lucifer eingeholt hat. Faust kann den Blutvertrag unterschreiben, weil er ein Weiterleben der Seele nach dem Tode nicht ernst nimmt. Nach dem Flug in den Himmel, von dem der Chor berichtet, erscheinen Faust und Mephostophilis erst im päpstlichen Palast, wo sie den höchsten kirchlichen Würdenträger mit Zaubereien verhöhnen, und dann am Kaiserhof, wo Faust auf Verlangen Alexander und seine Geliebte erscheinen lässt. Als sein Ende naht, lässt er auf Bitten seiner Studenten die schöne Helena von Griechenland erscheinen und setzt, aufs höchste entzückt von ihr, noch durch, dass Mephostophilis sie ihm als Geliebte herbeischafft, damit er in ihrem Kuss den verlorenen Himmel wieder genießen kann. Auf diese Liebschaft aber folgt entsprechend der Überlieferung sofort Fausts Tod. Diesem geht ein letztes Selbstgespräch voraus, in dem sich der Verzweifelnde in seiner Todesangst schließlich sogar zur Verbrennung der Zauberbücher bereit erklärt, wozu es aber zu spät ist. Ein Nachspruch des Chores warnt die Klugen, Unerlaubtes zu begehren, erkennt aber zugleich Faust an als Apollos stolzen Lorbeerbaum, der frei gen Himmel strebte.

Das didaktische Interesse der Theologen, die um 1570 (wahrscheinlich auch noch aus den heute verschollenen Schriften Fausts) einen Schauerroman zur Warnung vor Grenzüberschreitungen komponierten, betont die niederen Motive: Der Faust der Sage hatte sich aus bloßer Erkenntnisneugier und aus Macht- und Sinnlichkeitsdrang zu widergöttlichem Tun verleiten lassen. In der englischen Dichtung wuchs er schon empor zu dem Menschen von Übermaß, der ringend am Urbösen zugrunde geht und fallend den Zuschauer, der sich mit und in ihm bedroht fühlt, erschüttert. Doch ließ sich eine solche Höhenlage noch nicht durchhalten. Dem Volksgeschmack zuliebe mussten auch Rüpelszenen eingefügt werden.

Englische Komödianten brachten das Faust-Drama nach Deutschland. In Graz 1608 und in Dresden 1626 sind die ersten Aufführungen belegt. Auf deutschem Boden verlangten die besonderen staatlich-kirchlichen Verhältnisse sowie die Wünsche der breiten Masse Berücksichtigung. So wurde z.B. in Wien, um niemand zu verletzen, der Kaiser durch den Herzog von Parma und das Mönchsgewand des höllischen Geistes durch die spanische Hoftracht ersetzt. Außerdem durfte sich der Hanswurst oder Kasperle mit seinem Humor immer mehr ausbreiten, und schließlich sorgte die Freude an Ausstattungs- und Verwandlungsstücken dafür, dass das Faust-Drama auch zu einer „großen Maschinenkomödie" wurde. In solcher Gestalt konnte es Goethe nach seiner Heimkehr aus Leipzig nach Frankfurt 1768 und danach auch in Straßburg 1770, wo es die Illgnersche Truppe aufführte, kennen lernen.

Noch früher ist ihm allerdings der Doctor Faust auf der **Puppenspielbühne** bekannt geworden. In deren Dramenbestand hatte er bereits längst einen festen Platz eingenommen, der ihm auch bis in unsere Gegenwart nicht streitig gemacht worden ist. Bei der Treue, mit der die Puppenspieler den mündlich überlieferten Wortlaut ihrer Dramen vom Vater und Großvater übernehmen und auf Sohn und Enkel weitergeben, dürfen wir annehmen, dass der Knabe Goethe das Puppenspiel vom Doctor Faust im wesentlichen in der Form kennen gelernt hat, wie wir es gelegentlich noch heute zu sehen bekommen. Aber in dem Maße, wie das Faust-Drama dem Geschmack der Jugend und der unteren Volksschichten angepasst wurde, verlor es auch seine Literaturfähigkeit. Schon Gottsched war der Meinung, dass niemand mehr gern solche „Alfanzereien“ wie das Märchen vom Doctor Faust sähe, und Lessing wurde vor der Behandlung des Faust-Stoffes gewarnt: „Eine einzige Exklamation, o Faustus, Faustus, könnte das ganze Parterre lachen machen.“

Und doch hat gerade **Lessing** die Entwicklung der Faust-Dichtung in einem bedeutenden Punkte nachhaltig gefördert. Sein Denken wurde zwar bestimmt durch die Weltanschauung der Aufklärung, die für alles, was sich mit den Sinnen nicht unmittelbar wahrnehmen und mit dem natürlichen Verstande nicht begreifen ließ, kein Verständnis aufzubringen wusste und die darum für Zaubereien und Teufeleien auch auf der Bühne nichts übrig hatte. Deshalb dachte Lessing eine Zeit lang daran, unter Verzicht auf außerweltliche Geister einen „Erzbösewicht gegen einen Unschuldigen die Rolle des schwarzen Verführers“ vertreten zu lassen. Er wollte die Faust-Sage in eine Art bürgerliches Drama umschaffen, dessen Geschehen durch die Ränke dieser einzelnen Person vorwärtsgetrieben wird. Aber wie er bei aller Kritik der geltenden kirchlichen Glaubenssätze im Grunde doch der wirklichen Frömmigkeit demütig-ehrfürchtig gegenüberstand und höchste und letzte Fragen lediglich aufwarf, ohne sie überheblich abschließend lösen zu wollen, so fühlte er sich zuletzt doch angezogen von dem Faust-Stoff in der überlieferten Form, also mit Einschluss des Teufels.

So beginnt Lessing seinen Entwurf mit einem „Vorspiel“, das Beelzebub und seine Höllengeister in einem alten Dome bei mitternächtlicher Beratung zeigt. Hier erklärt sich einer der Teufel bereit, den durch „zu viel Wissbegierde“ gefährdeten Faust zu verführen: „Aus einem Fehler können alle Laster entspringen, wenn man ihm zu sehr nachhänget.“ Der Teufel will – so erfahren wir aus späteren Berichten von Lessings Freunden – „Gott seinen Liebling rauben. Einen denkenden, einsamen Jüngling, ganz der Weisheit ergeben; ganz nur für sie atmend, für sie empfindend; jeder Leidenschaft absagend außer der einzigen für die Wahrheit“. Man erkennt bereits hier, wie der Dichter für seinen Helden Partei nimmt. Ganz neu und alle bisherige Überlieferung überbietend ist aber, dass noch in jenem Dom eine Engelstimme feierlich das Endergebnis der satanischen Bemühungen vorausverkündet: „Ihr sollt nicht siegen.“ Entsprechend wollte Lessing auch den Schluss gestalten. Ein Engel sollte die Hölle, die sich ihres ausersehenen Opfers bemächtigen will, zurückweisen mit den Worten: „Triumphiert nicht, ihr habt nicht über Menschheit und Wissenschaft gesiegt; die Gottheit hat dem Menschen nicht den edelsten der Triebe gegeben, um ihn ewig unglücklich zu machen; was ihr sahet und jetzt zu besitzen glaubt, war nichts als ein Phantom.“ Die ganze eigentliche Handlung sollte sich also als ein Traumerlebnis Fausts abspielen. Auch damit kam Lessing dem Anspruch des Jahrhunderts der Vernunft entgegen.

Da der „theatralische Nachlaß Lessings“ 1786 erschien und Goethe gerade in den nächsten Jahren sich um das Wiederauffinden seines „Plans“ bemühte, wäre eine Anregung denkbar. Aber auch ohnedies ist der Gedanke der Rettung Fausts so sehr dem optimistischen Geist jener Zeit angemessen, dass Goethe sich auch ohne Lessing für die neue Lösung entscheiden konnte.

Was sonst noch im 18. Jahrhundert an Faust-Dichtungen erschienen ist, hat sich *neben* Goethes *Faust* entwickelt und hat dessen Gestaltung kaum wesentlich beeinflusst.

Der Wiener **Paul Weidmann** stellt 1775 in seinem *Johann Faust, ein allegorisches Drama in fünf Aufzügen* den Titelhelden wieder zwischen gute und böse Geister und lässt den verschiedenen im Verlauf der Handlung vorgeführten Sündern am Schluss eine allerdings nicht recht begründete Begnadigung zuteil werden: „Die unendliche Barmherzigkeit hat ihre Laster weit überwogen!“ Dagegen wollte der Pfälzer Dichter-Maler **Friedrich Müller,** einer der Stürmer und Dränger, in seinem allerdings nie vollendeten Drama *Doctor Fausts Leben und Tod dramatisiert* (1778) den „Ingolstädter“ Professor hinstellen als „einen Kerl, der alle seine Kraft gefühlt“. Ihn ließ er den Augenblick erfahren, „wo das Herz sich selbst überspringt, wo der herrlichste beste Kerl, trotz Gerechtigkeit und Gesetze absolut über sich selbst hinaus begehrt. So folgerichtig denkt und handelt er, dass er nach zwölfjähriger Gemeinschaft mit dem Teufel, nochmals vor die Wahl gestellt, wiederum ewiges Verderben wählt.“ Allerdings erwog auch Müller, ob er nicht in der eigentlichen Handlung Faust durch ein Phantom, ein Trugbild ersetzen und damit die Rettung des wirklichen Faust ermöglichen solle.

Auch der Roman *Fausts Leben, Taten und Höllenfahrt* (1791) von **Friedrich Maximilian Klinger**, einem Jugendgefährten Goethes aus der Frankfurter Zeit, wurzelt im Sturm und Drang. Hier sollte Faust, der übrigens dem Erfinder der Buchdruckerkunst gleichgesetzt wird, in wilder Leidenschaftlichkeit auf dem Kampfplatz des Lebens – „worauf sich ein kraftvoller Geist, durch das ihn Empörende aufgeregt, aus innerem Grimme schlägt“ – gezeigt werden. Faust schließt den Teufelsbund, um mit seiner übermenschlichen Macht der Ungerechtigkeit der Welt zu steuern. Allein er bringt es nicht weiter als zum spottenden Zweifler, zu dem sich sein Dichter inzwischen selbst entwickelt hatte, und so fordert dieser Faust schließlich vom Teufel selbst das Ende seines Daseins.

Theodor Friedrich / Lothar J. Scheithauer: *Kommentar zu Goethes „Faust“*. Stuttgart 1974, S. 19-24.

9. CHRISTOPHER MARLOWE: DIE TRAGISCHE HISTORIE VOM LEBEN UND STERBEN DES DOCTOR FAUSTUS.

Faustus
Hör auf, Faust, mit dem Studium,
Prüf in der Tiefe, welche Disziplin
Du wählst. Begonnen hast du doch
Als Theolog'; bleib das zum Schein,
Streb nach dem Ziel von jeder freien Kunst[1]
Und leb' und stirb' im Werk des Aristoteles![2]
Du edle Logik, du berauschst mich!
„Bene disserere est finis logices"[3]
Ist Redekunst dein allerhöchstes Ziel?
Bewirkst du keine größ'ren Wunder?
Dann lies nicht weiter, Faust,
Du hast das höchste Ziel erreicht!
Dein Geist ist einer höh'ren Sache würdig,
„Sein oder Nichtsein"[4] – lebt nun wohl. –
„Ubi desint philosophus ibi incipit medicus"[5]
Und siehe: Wo keine Philosophen sind,
Da sind die Mediziner!
Nun, Faust, sei Arzt und scheffle Geld,
Du wirst durch manche Wunderkur unsterblich.
„Summum Bonum medicinae sanitas"[6] –
Das höchste Ziel der Medizin ist die Gesundheit.
Wie Faust, hast du das nicht erreicht?
Und gilt dein Wort nicht längst als Offenbarung?
Hat man Rezepte nicht von dir
Wie Monumente ausgehängt,[7]
Weil ganze Städte du errettest vor der Pest?

---

1 Hier (wie an andern Stellen des Dramas) in der alten Bedeutung (z. B. der „sieben freien Künste") gebraucht.

2 Logik. Die *Analytika priora* und *posteriora* bilden den größeren Teil von Aristoteles' Logik (Organon).

3 Im folgenden Vers übersetztes Zitat aus den Dialectica des (Aristoteles-Gegners!) Petrus Ramus (1515-72).

4 Der aristotelische Begriff des „Seienden und Nichtseienden".

5 Wo der Philosoph aufhört, fängt der Arzt an. (Vergleiche Aristoteles' *De sensu et sensibile*, Kap. 1.)

6 Im nächsten Vers übersetztes Zitat nach der lateinischen Version von Aristoteles' *Ethica ad Nicomachum* I, 1.

7 Der Vers des Originals lautet: „Is not thy common talk sound aphorisms"; gemeint sind medizinische Regeln für die Gesundheit in der Art der berühmten Aphorismen des Hippokrates.

Und doch bist du nur Faust, ein Mensch.
Wenn du die Menschen könntest ewig leben machen,
Oder Verstorb'ne auferstehen lassen,
Dann wäre diese Wissenschaft was wert.
Fort Heilkunst! – Wo ist Justinian[8]?
„Si una eademque res legatur
Duobus, alter rem, alter valorem rei…“[9]
Elender Erbschaftskram! Das ist
Für Sklaven nur, zu unfrei, zu servil!
So bleibt doch nur Theologie,
Die Bibel nur, lies sie genau!
„Stipendium peccati mors est“[10] – Ha!
Lohn aller Sünde ist der Tod,
Wir müssen sterben eines ew'gen Todes,
O das ist hart! – Che sera, sera[11] –
Was sein muss, das muss sein!
Hinweg, Theologie! Hinweg ihr falschen Lehren!
Nun bleibt nur noch Magie[12] allein,
Die edlen Bücher hier der Nigromanten.[13]
Das ist's, wonach sich Faust am meisten sehnt:
Die Welt der Wonne und der Lust,
Der Macht, der Ehre und der Allgewalt!
Ist dieses Studium mir auch verboten?
Was zwischen unbewegten Polen sich bewegt,
Soll meinem Willen nur gehorchen!
Eroberern und Königen gehorcht man nur
In ihres Reichs Provinzen.
Doch wer in diese Sphäre dringt,
Herrscht weithin wie des Menschen Geist,
Ein rechter Magier einem Halbgott gleicht,
Drum hilf mir, Geist, Gottgleichheit zu erringen!

[…]

---

8 Die Institutiones Justiniani, die berühmte Sammlung des Römischen Rechts von dem byzantinischen Kaiser Justinian I.

9 „Wenn ein und dieselbe Sache zwei Personen vererbt wird, so soll einer die Sache, der andere den Wert der Sache erhalten…“

10 Vulgata-Zitat nach Römer VI, 23.

11 In modernem Italienisch = Che sarà, sarà (Was sein wird, wird sein).

12 Gemeint sind übernatürliche (Zauber-) Künste.

13 Der in die Geheimen Künste, speziell die Alchimie, Eingeweihte.

[später]

Faustus

Nun steigt die schwarze Nacht
Vom Südpol auf zum Firmament
Sie will Orions[14] Nebel sehn,
Den Himmel hüllt sie dunkel ein.
Faustus! fang an mit der Beschwörung,
Und sieh, ob du den Teufel zwingst,
Wenn du Gebete ihm und Opfer dargebracht.
In diesem Kreis verschlungen steht
Jehovas Name, vor und zurück;
Die Namen der Heiligen.
Die Zeichen aller Planeten,
Der Tierkreise und der Kometen.
Die Geister zwing' ich, mir zu erscheinen.
Nun, Faustus, sei ohne Furcht,
Versuch das Höchste, was Magie vermag!
Sint mihi Dei Acherontis propitii!
Vateat numen triplex Jehovae!
Ignis, aeris, aquae, terrae spiritus salvete!
Orientis princeps, Beelzebub,
inferni ardentis monarcha, et Demogorgon,
propitiamus vos, ut appereat
ct surgat Mephostophilis![15]

[Mephostophilis erscheint]

Mephostophilis

Nun, Faustus, was willst du, das ich tue?

Faustus

Ich will, dass du mir dienst mein ganzes Leben lang
Und tust, was immer Faustus dir befiehlt,
Und sei es, dass der Mond
Gerissen wird aus seiner Bahn
Oder das Meer ertränken soll die Welt.

---

14 Sternbild am Nordhimmel.

15 „Mögen mir die Götter des Acheron [der Unterwelt] gnädig sein! Gepriesen sei die dreifache Macht Jehovas! Seid gegrüßt, ihr Geister des Feuers, der Luft, des Wassers und der Erde. Luzifer, Fürst des Ostens, Beelzebub, Monarch der lodernden Hölle, und Demogorgon, schenkt mir eure Gunst, damit Mephistophilis erscheine und aufsteige!"

Mephostophilis
Ich bin der Knecht des großen Lucifer
Und darf nicht folgen, eh er es nicht erlaubt;
Wir dürfen nicht mehr tun, als er befiehlt.

Faustus
Hat er dir nicht geboten zu erscheinen?

Mephostophilis
Ich kam hierher aus eignem Willen.

Faustus
Zog dich mein Zauberspruch nicht her?

Mephostophilis
Das war der Grund, doch nur durch Zufall:
Denn wenn wir hören lästern Gottes Namen,
Wenn einer abschwört Christi Heil
Und gar der Bibel Botschaft leugnet,
Wir fliegen hin und hoffen, die Seele zu gewinnen.
Wir kommen nur, wenn er die Mittel braucht,
Wofür ihm die Verdammnis droht;
Drum ist der schnellste Weg zu uns,
Wenn einer abschwört der Dreifaltigkeit
Und betet treu zum Fürst der Hölle.

Faustus
Das tatest du, Faust und du bleibst dabei:
Es ist kein Herr mehr außer Beelzebub,
Dem Faust sich ganz und gar ergibt.
Das Wort „Verdammnis“ kann mich nicht erschrecken,
Ich finde in der Hölle das Elyslum[16],
Mein Geist sei bei den alten Philosophen!
Beenden wir das Schwätzen über Menschenseelen,
Doch sag’ mir, wer ist Lucifer, dein Herr?

Mephostophilis
Der Herrscher aller Geister.

Faustus
War Lucifer nicht Engel einst?

---

16 Das Land der Seligen in der Unterwelt; nach antiker Auffassung befinden sich dort die bedeutenden Persönlichkeiten der Geschichte, also auch die großen Philosophen.

Mephostophilis
Ja, Faust und sehr geliebt von Gott.

Faustus
Wie wurde er dann Fürst der Hölle?

Mephostophilis
Für seinen Stolz und seinen Hochmut
Verstieß ihn Gott aus seinem Himmel.

Faustus
Und wer seid ihr, die ihr lebt mit Lucifer?

Mephostophilis
Elende Geister, die leben mit Lucifer,
Die sich gegen Gott empörten mit Lucifer,
Und die auf ewig verdammt sind mit Lucifer.

Aus dem 1. Akt der Fassung von 1604, aus dem Englischen übersetzt von Gerd Eversberg.

10. FAUST IM PUPPENSPIEL

Im 17. und 18. Jahrhundert genossen Schauspieler kein besonderes Ansehen. In einer ständisch geordneten Gesellschaft galten Menschen nicht viel, die herumzogen und an verschiedenen Orten ihre Künste zeigten. Schauspieler wurden zum fahrenden Volk gezählt, das man gerne vorschnell mit kriminellen Elementen, wie Dieben und Betrügern, gleichsetzte. Die Bühnen wurden in Sälen errichtet oder ganz in primitiven Bretterbuden aufgebaut. Eine strenge Trennung zwischen Menschentheater und dem Spiel mit Marionetten gab es bis ins 18. Jahrhundert nicht. Es gibt Dokumente, die belegen, dass auch Schauspielergruppen bisweilen Marionettenvorführungen gaben. Unter den Stoffen, die von fahrenden Schauspieltruppen oder auch Puppenbühnen aufgeführt wurden, befand sich auch ein Stück von Doctor Faust. Es lässt sich heute nicht mehr genau rekonstruieren, welche wechselnden Verhältnisse und gegenseitigen Einflüsse zwischen dem Volksschauspiel und dem Puppenspiel von Doctor Faust bestanden haben. Goethe hat in Frankfurt das Stück von einer Puppenbühne gesehen. Im ausgehenden 18. und im 19. Jahrhundert ist der Faust dann von verschiedenen Marionettentheatern gespielt worden. Von einer solchen Aufführung wird zum Beispiel in der Novelle *Pole Poppenspäler* von Theodor Storm berichtet. Durch eine Bearbeitung, die Karl Simrock im vorigen Jahrhundert vorgenommen hat, ist man häufig der Ansicht, dass jenes Puppenspiel ähnlich aufgebaut sei wie der *Faust* von Goethe. Es gibt bei den verschiedenen überlieferten Fassungen des Puppenspiels aber ganz andere Szenen als sie Goethe geschrieben hat. Das Stück beginnt zumeist mit einer Szene in der Unterwelt, in der Fährmann Charon, der die Toten in die Unterwelt übersetzen muss, sich beim Höllengott Pluto beschwert, dass seine Arbeit langweilig geworden sei. Pluto schickt darauf seine höllischen Geister los, um einen „großen" Menschen in die Hölle zu holen, der sich gleich ihnen gegen den Schöpfer empört habe. Wir sehen Faust in seiner Studierstube; er klagt über die geringen Möglichkeiten, die er auf Erden habe; sein Beruf ist ihm zuwider, er möchte Reichtum und Ansehen erwerben und hat sich deshalb mit Magie beschäftigt. Auch klingt in einigen Fassungen des Puppenspiels an, dass Faust unzufrieden mit der Begrenztheit des menschlichen Erkenntnisvermögens ist. Auch der Famulus Wagner tritt auf: er beschwert sich bei Faust, dass die Hausarbeit ihn von den gelehrten Studien abhalte und erbittet die Erlaubnis, einen Diener einstellen zu dürfen. Wagner kündigt fremde Gäste an, die Faust ein lang ersehntes Buch oder eine Handschrift mit magischem Inhalt bringen.

Anders als bei Goethe wird jetzt der Hans Wurst oder Kasperl eingeführt. Diese Gestalt des Spaßmachers, der seine Reden durch deftige sexuelle Anspielungen und Fäkalienausdrücke anreichert, taucht in vielen Volksschauspielen auf und wird zur Hauptfigur auf den Marionettenbühnen. Hans Wurst ist der typische Vertreter der Bediensteten und Tagelöhner, also der recht- und mittellosen Unterschicht, der sich durch seine Unverschämtheiten und durch den Wortwitz in fast allen Situationen vor den Anfeindungen der höhergestellten Mitmenschen retten kann. Sein Bestreben ist dem des Faust entgegengesetzt: Er will ordentlich zu essen haben, ist arbeitsscheu und trinkt gerne einen über den Durst. Durch seine Fäkal- und Sexualsprache bricht er Tabus und wird auf Jahrmärkten vom Volk belacht, denen hier ein Ventil geboten wurde, um wenigstens an einigen Tagen im Jahr einmal aus den sehr strengen Regeln des täglichen Lebens ausbrechen zu können. Auch das heute noch im Kasperletheater übliche Einbeziehen des Publikums in die Dialoge hat hier seinen Ursprung. Dieser Hans Wurst wird nun von Wagner als Diener eingestellt. Faust beschwört die höllischen Geister und wählt sich den schnellsten zu seinen Diensten aus. Er schließt mit ihm einen Vertrag, nach dem der Teufel ihm 24 Jahre zu dienen hat, danach verfällt seine Seele der Hölle. Hans Wurst beschwört ebenfalls die Teufel, die ihm aber nichts anhaben können, da er sie mit einer Zauberformel erscheinen und verschwinden lassen kann.

Faust lässt sich von Mephistopheles zum Hof des Kaisers, in späteren Fassungen zum Herzog von Parma, bringen. Dort unterhält er den Herrscher durch die Beschwörung von bekannten Gestalten der antiken Mythologie, fällt aber bald in Ungnade und muss fliehen. In manchen Fassungen ist eine Liebesgeschichte zur Frau des Herrschers eingebaut.

Parallel fliegt auch Hans Wurst zum Hofe, macht seine unverschämten Possen und soll zur Strafe, weil er Fausts Namen verraten hat, dort bleiben. Er verschreibt aber seine Seele einem Unterteufel, der ihm dafür eine Nachtwächterstelle in einer Stadt (Wittenberg oder der jeweilige Ort, an dem das Stück gerade aufgeführt wird) verspricht. Zwölf Jahre später sehen wir Faust, der nun von Mephistopheles die Ankündigung hört, um Mitternacht zur Hölle fahren zu müssen. Der Teufel hat Faust betrogen, da er nur die Hälfte der vereinbarten Zeit bereit ist, ihm zu dienen. Das begründet er damit, dass er Faust zwölf Jahre bei Tag und bei Nacht zur Verfügung stehen musste. Faust bereut seinen Pakt und versucht, durch Beten die Vergebung des Himmels zu erlangen. Da ruft Mephistopheles Pluto zu Hilfe, der Helena erscheinen lässt. Faust wird abermals betrogen, denn die schöne Frau entpuppt sich als Teufel. Jetzt holen die höllischen Geister ihn in ihr Reich. Hans Wurst, der als Nachtwächter die Szene beobachtet, soll auch zur Hölle fahren, doch er hat seinerseits den Teufel betrogen, weil er als hölzerne Puppe gar keine Seele besitzt, denn die hat der Meister vergessen, als er ihn schnitzte. Diese Puppenspielfabel ist in vielen Variationen in unterschiedlichen Textfassungen gespielt worden. Da die Puppen-

Mit hoher Obrigkeitlicher Bewilligung

wird die hier anwesende

Prattische Gesellschaft

die Ehre haben auf ihrem äußerst künstlichen Figuren- oder Metamorphosen-Theater, welches mit den schönsten Dekorationen und Flugmaschinen versehen ist, Vorstellungen zu geben.

Auf demselben werden Lustspiele, Schauspiele, Seeschlachten, Belagerungen und Ballette vorgestellt

und wird also heute

Montag den 4. November

aufgeführt:

Doktor Faust's Leben, Thaten und Höllenfahrt.

Ein großes Drama in 4 Akten, mit Theater-Verwandlungen.

Doktor Faust, Sohn eines armen Tagelöhners in Wittenberg.
Wagner, dessen Famulus.
Kasperchen, ein armer Student.
Mephistopheles, Asmodus, Auerhahn, Hertipimon, Skersus, } Furien.

Ludwig, Herzog von Parma.
Hedwig, dessen Tochter.
Gräfin Isabella, Hofdame.
Herzog von Kumberland.
Ein wachthabender Unteroffizier.

Judith, der Riese Goliath und der kleine David, Geister, welche auf Befehl des Faust aus ihren Gräbern steigen.

Kasperchen stellt vor:

1) Einen reisenden Studenten. 2) Einen Teufelsbeschwörer. 3) Einen Passagier durch die Luft. 4) Einen Stummen. 5. Einen Nachtwächter. Auch wird Casperchen sich auf der Guitarre hören lassen.

Die vorkommenden Verwandlungen sind:

1) Ein gelbgedeckter Tisch verwandelt sich in einen rothgedeckten Tisch mit einem Genius, der die Schrift Theologia in der Hand hält; dieser verwandelt sich in einen schwarzgedeckten Tisch, worauf eine Furie steht, die das Buch Nikromantia in der Hand hält; dieses verwandelt sich in eine Bibliothek. 2) Stellt das Theater das Lager des Holofernes vor, man sieht wie die Judith das Haupt Holofernes ihrer Magd überreicht. 3) Zwei Postamente verwandeln sich in den Riesen Goliath und den kleinen David. 4) Ein Tisch, worauf ein Spiegel steht, verwandelt sich in ein Portrait, der Tisch verwandelt sich in den Saturnus, der die Schrift Faustzeit und das Grab in der Hand hält. 5) Erscheint der Geist des Herzogs von Parma. 6) Erscheint ein Rabe der die Handschrift Fausts abholt.

Jupiter erscheint mit seinem Adler in einer Wolke, aus welcher 6 Engel springen, die einen Tanz beginnen; die Wolke steigt in die Höhe, bis sie ein Postament erreicht hat; das Postament verwandelt sich in ein Sofa, worauf ein Prinz und Prinzessin sitzen; dieses Sofa verwandelt sich in ein Kabriolet mit Pferden und Domestiken, der Prinz und die Prinzessin setzen sich hinein und fahren zur Residenz.

Dann folgen noch 2 Ballets mit schönen Verwandlungen.

Preise der Plätze in Nom. Münze:

Erster Platz 8 Gr. Zweiter Platz 4 Gr. Dritter Platz 2 Gr.

Die Kasse wird um 5 Uhr geöffnet. Der Anfang ist um 6 Uhr. Das Ende um 8 Uhr.

Der Schauplatz ist in der Bude auf dem Exerzierplatze.

Theaterzettel einer Faust-Puppenspiel-Aufführung in Breslau aus dem Jahre 1822.(Aus der dem Grassi-Museum in Leipzig überwiesenen Sammlung von Professor Kollmann, Leipzig) spieler ihre Texte oft gar nicht aufgeschrieben hatten, sondern auswendig spielten, lassen sich genauere Aussagen über die Sprache der Stücke nicht machen. Die Forschung besitzt lediglich eine Reihe von Texten, die in der Mitte des 19. Jahrhunderts aus Textbüchern von Puppenspielern abgeschrieben wurden. Zwar lassen sich Gemeinsamkeiten bei den Szenen feststellen, doch kann man das Puppenspiel gewiss nicht auf einen Urtext zurückführen, der von einer historisch fixierbaren Person verfasst worden wäre. Man muss annehmen, dass es immer verschiedene, lokal geprägte Puppenstücke gegeben hat, die sich auf die Volksbücher und auf die Dramen gründen, die im Gefolge des Marlowschen Faust-Dramas von deutschen Schauspieltruppen aufgeführt wurden.

11. FAUST IN DER LITERATUR UND AUF DER BÜHNE

1587	*Historia von Doctor Johann Fausten, des weitbeschreyten Zauberers und Schwarzkünstlers.* Gedruckt bei Johann Spies, Frankfurt.
1589	Christopher Marlowe, *The Tragical History of Doctor Faustus.*
1593	*Ander Teil D. Johann Fausti Historien, von seinem Famulo Christoph Wagner.*
1599	G. R. Widmann, *Die wahrhaftigen Historien ... von Doctor Johannes Faustus.* Gedruckt in Hamburg.
1608	Erste nachweisbare deutschsprachige Aufführung des Marloweschen Dramas in Graz durch englische Komödianten.
1674	Das Faustbuch des Nikolaus Pfitzer.
1715	Im Wiener Kärntner-Tor-Theater spielt die Gesellschaft J. A. Stranitzkys ein Stück *Leben und Tod Doctor Faustus.*
1725	Das Faustbuch des „Christlich Meynenden".
1730	Die Unternehmung Borosini und Sellier führt im Wiener Kärntner-Tor-Theater ein Ballett *D. Faust* auf.
1733	Gespräche im Reiche derer Toten zwischen dem ehemaligen Französischen General-Feld-Marschall Herzog Franz Heinrich von Luxemburg und Doctor Johann Fausten zweier weltbekannten Erzzauberer und Schwarzkünstler.
1746	Älteste datierbare Aufführung des Faust-Dramas als Puppenspiel in Hamburg. In der zweiten Hälfte des 18. Jahrhunderts gibt es dann unzählige Bühnenversionen des Faust als Drama, Puppenspiel, Ballett, Pantomime und schließlich auch als Oper.
1759	Lessings Schauspielfragment *Dr. Faust.*
1772/75	Entstehung von Goethes *Urfaust.*
1776	Maler Müller, *Situation aus Fausts Leben in fünf Büchern.* Philosophischer Roman.

1778	Maler Müller, *Fausts Leben dramatisiert.*
1790	Druck von Goethes *Faust. Ein Fragment.*
1791	Klinger, *Fausts Leben, Thaten und Höllenfahrt.*
1797	Julius Soden, *Doctor Faust.* Volksschauspiel.
1804	Chamisso, *Faust. Ein Versuch.*
1808	Druck von Goethes *Faust. Eine Tragödie.*
1814	Louis Spohr, *Faust.* Oper.
1815	August Klingemann, *Faust.* Ein Trauerspiel.
1816	Lord Byrons *Manfred* erscheint in London.
1826	Puschkin publiziert *Szene aus Faust.*
1828	Berlioz komponiert *8 Szenen aus Faust.*
1829	Erste öffentliche Aufführung von Goethes *Faust. Erster Teil.*
1829	Grabbe. *Don Juan und Faust.*
1832	Erster Druck von Goethes *Faust. Zweiter Teil.* Holtei, *Doctor Johann Faust.* Melodrama. Wagner, Sieben Kompositionen zu Goethes *Faust.*
1835	Lenau, *Faust.* Dramatische-lyrische Verserzählung. Gutzkow, *Hamlet in Wittenberg.*
1846	Berlioz, *Fausts Verdammnis.* Oratorium.
1847	Heine, *Der Doktor Faust.* Ein Tanzpoem.
1846/47	Druck mehrerer Puppenspielversionen des *Faust*, herausgegeben von Karl Simrock und in seiner Sammlung *Das Kloster*, von Johann Scheible.
1851	Robert Schumann komponiert Szenen aus Goethes *Faust.*
1856	Turgenjew, *Faust.* Eine Erzählung in Briefen.
1857	Liszt komponiert eine *Faust*-Symphonie.
1859	Gounods Oper *Faust* wird in Paris uraufgeführt.
1862	Fr. Th. Vischer, *Faust, der Tragödie III. Teil.* Von Deutobold Symbolyzetti Allegoriowisch Mystifizinski.

1898	Spielhagen, *Faustulus*. Roman.
1908	Brjussow, *Der Feuerengel*. Roman.
1918	Lunatscharski, *Faust und die Stadt*. Drama.
1919	Avenarius, *Faust*. Ein Spiel.
1920	Busoni, *Doktor Faust*. Oper. Uraufführung 1925 in Dresden.
1926	Murnaus *Faust*-Film mit Gösta Ekmann, Emil Jannings und Camilla Horn.
1936	Uraufführung der Oper *Doktor Johannes Faust* von Hermann Reutter.
1940	Bulgakow schreibt den Roman *Der Meister und Margarita*.
1941/45	Valéry, *Mon Faust*.
1943/44	Else Lasker-Schüler, *Ich und Ich*. Schauspiel.
1947	Thomas Mann, *Doktor Faustus*. Das Leben des deutschen Tonsetzers Adrian Leverkühn, erzählt von einem Freunde.
1948	Werner Egk, *Abraxas*. Ballett.
1952	Hanns Eisler, *Johann Faustus*. Opernlibretto.
1962	Butor / Pousseur, *Votre Faust*. Fantaisie variable.
1963	Durrell, *Ein irischer Faust*. Mysterienspiel.
1967	Tommaso Landolfi, *Faust 67*. Komödie.
1968	Volker Braun, *Hans Faust* (Neufassung: Hinze und Kunze, 1973).
1969	A. P. Gütersloh, *Die Fabel von der Freundschaft*. Ein sokratischer Roman.
1973	Rainer Kirsch, *Heinrich Schlaghands Höllenfahrt*. Komödie.

Klaus Völker (Hrsg.): *Faust*. Berlin 1975, S. 46-48.

12. DIE ENTSTEHUNG VON GOETHES FAUST-DICHTUNG

Als Goethe im Herbst 1775 nach Weimar kam, brachte er Skizzen zu einem Faust-Drama mit und las sie vor. Eine besonders begeisterte Zuhörerin, das Hoffräulein Luise von Göchhausen, lieh sich seine Handschrift aus und schrieb sie ab. Goethes damaliges Manuskript ist nicht erhalten. Er hat es später umgeschrieben, zerschnitten, abgeschrieben und vernichtet. Aber die Abschrift des Fräuleins von Göchhausen blieb aufbewahrt. Im Jahre 1887 entdeckte Erich Schmidt sie in ihrem Nachlass und gab sie unter dem Namen *Urfaust* heraus. Es ist die erste uns erhaltene Fassung des Dramas und zeigt uns den Zustand, den es im Winter 1775/76 hatte.

Begonnen ist das Werk mehrere Jahre früher. Schon im Sommer 1773 erwähnt Gotter es, im Jahre 1774 bekommen Boie und Knebel Bruchstücke zu hören. Mit der Ankunft in Weimar stockt dann die Arbeit auf viele Jahre hinaus. So ist der *Urfaust* das Erzeugnis einer ersten Arbeitsperiode. In dieser Zeit des Sturm und Drang schrieb Goethe aus stürmischen Visionen heraus, sich getrieben fühlend von seinem Genius. So formte er scharf gesehene Einzelbilder und machte sich keine Sorge, wie diese sich zum Ganzen zusammenschließen würden, denn er fühlte, dass sie aus einem gemeinsamen großen Zusammenhange herkämen. Er schrieb nur das, was ihn bedrängte, was in ihm Leben war, und so entstanden zwei große Szenengruppen, die Gelehrten-Tragödie und die Gretchen-Tragödie. Denn hier hatte der Stoff unmittelbaren Zusammenhang mit seinem Ich. Die Gretchenhandlung ist eine Motivreihe, die erst Goethe mit dem Faust-Stoff verbunden hat; denn in den Volksbüchern ist das Motiv der „armen Magd" ganz geringfügig, in den Puppenspielen fehlt es.

Das erste Motiv des Faust-Stoffes, das Goethes innerstes Leben traf, war das des Titanismus. Es waren die Jahre, in denen er die Worte schrieb: *Ich möchte beten wie Moses im Koran: „Herr, mache mir Raum in meiner engen Brust!"* (An Herder, Juli 1772.) Das Ich will sich ausweiten zur Welt, zu Gott. Es leidet unter seinen Grenzen, an die es allenthalben stößt. Ist nicht um uns das Unendliche? Ist es nicht im Endlichen zu ergreifen, wenn man nur die rechten Kräfte hat? Wenn man sich an die Schönheit eines großen Naturbildes ganz verliert – muss dann nicht ein Gott kommen und das Ich an sich ziehen wie Zeus den Ganymed? Was ist Menschsein? Ein *Sich-Verselbsten* zum Ich – abgeschlossen, in sich gesammelt – und *Sich-Entselbstigen* zum All – sich verlierend, sich aufgebend, verschwebend in ein Unendliches ... (*Dichtung und Wahrheit,* Bd. 9, S. 353, 22-24; auch Bd. 1, S. 33-52). Es bildeten sich Mythengestalten – Prometheus, Urbild des Verselbstens, Göttertrotz, Ichheit und Pandora, die Schöne, Urbild des Entselbstigens, liebend aufgehend in ein Götterreich – und erste Worte über die geheimnisvolle Verbindung von Todessehnsucht und religiösem Eros (*Prometheus,* 325-414). Aber das Prometheus-Drama blieb Fragment. Denn sind Halbgötter Sprecher für Menschennot? In dem jungen Genie war zu vieles, was in diesem Stoff keine Sprache erhielt. Suchte er selbst doch das Unendliche als Erkennender in allen Wissensgebieten, als Dichter (ein zweiter Schöpfer gleichsam), als Natur-Erlebender, als Tätiger und zumal als Liebender ... Das alles aber war darstellbar in dem Stoff, den er nun ergriff: Faust.

Wie wesentlich ist für einen Dichter der Stoff! Er kann ihm entgegenkommen, er kann ihm widerstreben. In diesem schien alles angelegt, was Goethe aussprechen wollte; und zwar keimhaft, so dass er Spielraum hatte, sich zu entfalten. Der Stoff hatte nicht solche Ferne wie der Prometheus-Stoff, war aber auch wiederum nicht realistische Gegenwart (schon allein durch das Geisterreich). Fausts Streben durch alle Fakultäten spiegelte Goethes eigenste Sehnsucht, zu erkennen, *wie alles sich zum Ganzen webt ...* (V. 447), und er kannte die bittere Enttäuschung beim Studium: *Fehlt leider nur das geistige Band ...* (V. 1939). Das neuplatonische Bild der Emanation steht hinter der Paracelsischen wie der Goetheschen Weltschau. Wenn Gott sich ausgeströmt hat in das All, muss er durch das All zu erfassen sein; als Weg der Erkenntnis soll die Wissenschaft dienen; und nur eine davon ist die Theologie. Wie die Pansophen die Zusammenhänge im All in einem Schema zu fassen suchten, so erblickt Faust dies Gefüge im Zeichen des Makrokosmos, und wie danach das Denken des 18. Jahrhunderts die Begrenztheit des Menschen in sich selbst aufzeigte, so erfährt Faust diese in den Worten des Erdgeists. Der Forschertitanismus bricht zusammen. – Aber es gibt noch einen anderen Weg der Entgrenzung, des Über-sich-Hinauskommens, der Erlösung aus den Fesseln des Ich: die Liebe. Darum steht neben dem Titanismus des Forschers die Gretchen-Handlung. – Das Gegenbild des Forschertitanismus ist das trockene Schulwissen; daher die Universitätssatire. Das Gegenbild der religiös-allhaltigen Liebe Gretchens und Fausts ist die genüssliche Nüchternheit Mephistos und Marthens. Das sind die konstituierten Grundzüge des *Urfaust.* Die dahinter stehenden Erlebnisse: Schulwissen in Leipzig und Straßburg; Erkenntnissehnsucht und pansophisch-alchimistische Lektüre in Frankfurt; Versuche in vielen Wissensbereichen, halb wie der Schüler, halb wie Faust; dann Friederike in Sesenheim; und schließlich, nach der Heimkehr, ein Frankfurter Prozess gegen ein Mädchen, das – vereinsamt, verfemt und ratlos – ihr Kind getötet hatte. Nahes und Erlebtes konnte mit dem Faust-Stoff verschmelzen in einer Weise, wie es bei dem Prometheus-Stoff niemals möglich war. Faust ist ein nachmittelalterlicher Mensch, ein geistiger Mensch, ein Gelehrter. Er ist ein Deutscher. Dadurch das Deutsche der Gretchen-Tragödie: die Stadt, die Stimmung in Stube und Garten, und vor allem die Gestalt von Gretchen selbst.

Schon im *Urfaust* kommt der Geist der Gelehrtentragödie voll zum Ausdruck, und die Gretchen-Tragödie läuft lückenlos ab in strenger, straffer Folge. Aber ein Drama als ausgearbeiteter Handlungszusammenhang ist es noch nicht. Mephistopheles ist plötzlich da, ohne dass wir wissen, warum. Fausts Entfernung von Gretchen bleibt unbegründet. Es sind nur Entwürfe, noch kein fertiges Werk und Goethe behielt den Wunsch, es zu vollenden.

Im Jahre 1786 begann er, seine *Schriften* gesammelt herauszugeben. Zunächst brachte er das, was fertig vorlag, *Werther, Götz, Iphigenie* usw. dann 1789 die Gedichte. *Faust* ließ er sich für den Schlussband. Doch es war ihm nicht möglich, das Werk zu vollenden. Er wollte es anderseits auch nicht länger zurückhalten; und so erschien es denn als: *Faust, ein Fragment,* 1790. Es bricht hinter der Domszene ab. Die letzten Worte sind: *Nachbarin, Euer Fläschchen!* – Das *Fragment* ist eine Umarbeitung. Noch fehlt der Pakt zwischen Faust und Mephistopheles, aber es gibt nun schon Gesprächsszenen zwischen ihnen vor der Weltfahrt (V. 1770-1850 und 2051-2072). Die Schülerszene hat bereits ihre endgültige Form. Prosaszenen gibt es keine mehr. In *Auerbachs Keller* – jetzt in Versen – macht den Zauber mit dem Wein nicht mehr Faust, sondern Mephistopheles. Dann folgt die *Hexenküche.* An den Gretchen-Szenen war kaum etwas zu ändern. Aber die Szene *Wald und Höhle* ist neu eingeschoben. – Goethe hat an diesen Änderungen und Ergänzungen zum Teil in Italien gearbeitet, zum Teil in der ersten nachitalienischen Zeit in Weimar. Die Vollendung von *Iphigenie* und *Tasso* lag hinter ihm. Er schrieb nicht mehr wie in seiner Jugend nur aus Visionen heraus, sondern auch klar, bewusst und komponierend. Man merkt es dem Fragment an. Aber damit allein war dem Stoff nicht beizukommen. Fausts Weltfahrt musste noch weiter führen, und alle Stationen mussten unter einen gemeinsamen großen Gesichtspunkt treten: Das geschah erst in der nächsten Arbeitsperiode.

In dem Faust-Stoff war von vornherein angelegt, dass Faust an den Kaiserhof kommt und sich mit Helena verbindet. Aber den jungen Goethe, den die Gelehrten-Tragödie und Gretchen-Handlung mit innerster Anteilnahme erfüllt hatten, hatte diese Partie des Stoffs nicht gereizt. Ebenso gehörte als ein unumgänglicher Bestandteil zu dem Stoffe der Pakt mit dem Teufel. Gerade das, was Goethe in seiner Jugend nicht gefesselt hatte, zog ihn nun in der Zeit seiner Klassik an. Ganz hingegeben der Liebe zum Altertum, erfreut ihn jetzt gerade die Helenagestalt. Damit wird Fausts Weltfahrt fortgesetzt. Der gemeinsame Gesichtspunkt des ganzen Werks muss nun hervortreten. Nicht nur das bildhafte Schauen, sondern auch das weltanschauliche Denken tritt damit in seine Rechte.

Und eben das hatte der Freund Schillers und der immer selbständiger sich entwickelnde weltanschauliche Denker inzwischen in sich ausgebildet. Jetzt formt er den so höchst eigenartigen, von der Tradition völlig abweichenden Pakt mit dem Teufel und formt im Prolog im Himmel den großen Rahmen, in den das gesamte Geschehen gestellt wird. Das geschieht in der Arbeitsperiode zwischen 1797 und 1806. Man kann sie die Periode des Schillerschen Anteils nennen, denn Schiller ist in dieser Zeit der Treibende. Und wenn er auch auf das Gefüge des Ganzen nicht unmittelbare Wirkung hat, so ist doch in dem geistigen Klima seiner Gedankenklarheit die Formulierung der Beziehung zwischen Faust und Mephistopheles, zwischen Mephistopheles und dem Herrn zustande gekommen. Das Ergebnis dieser Arbeitsperiode ist *Faust, 1. Teil,* gedruckt 1808. Hier erschien auch schon der *Prolog im Himmel,* der ein Prolog zu beiden Teilen ist. Um 1800 entstand auch der Anfang der Helena-Tragödie (V. 8489-8515, 8524-8559, 8569-8590, 8638-8802), wurde aber noch nicht gedruckt.

Die letzte Arbeitsperiode ist dann die zwischen 1825 und 1831. In ihr entsteht der zweite Teil des Dramas. Pläne dazu waren schon um 1800 geschaffen, wohl auch beträchtliche Stücke der letzten Szenen. Goethe hatte in diesen Altersjahren eine andere Art des Produzierens als in seiner Jugend. Damals hatte er einzelne Szenen hingeschrieben, aus der Leidenschaft innerer Gesichte. Jetzt gliedert er erst das Ganze und machte in Stichworten Pläne dafür, Schemata. Das Schematisierte wird Stück für Stück zum Arbeitspensum; meist abends überdacht und am Morgen in Arbeit genommen. Nur langsam schreitet die Dichtung voran. Ähnlich wie einstmals Schiller wirkt jetzt Eckermann fördernd und anregend durch seine leise, aber stetige Stimme und seine genaue Vertrautheit mit Goethes Werk. 1826 wird der Helena-Akt vollendet. Goethe mag ihn jetzt nicht länger zurückhalten und veröffentlicht ihn unter dem Titel: *Helena. Klassisch-romantische Phantasmagorie. Zwischenspiel zu Faust* im Jahre 1827 im 4. Bande der *Ausgabe letzter Hand.* Danach macht er sich an die Szenen am Kaiserhof. Sie wurden 1827 fertig und erschienen ebenfalls sogleich, im 12. Bande der *Ausgabe letzter Hand,* 1828. (V. 4613-6036.) Die Lücke zwischen diesen beiden Teilen wurde 1830 durch die Vollendung des 2. Akts mit der *klassischen Walpurgisnacht* geschlossen. Dann nimmt Goethe den 5. Akt in Angriff und vollendet ihn. Er hatte seinerzeit den Beginn der Helena-Handlung erst schaffen können, nachdem die große Griechensehnsucht über ihn gekommen war und er *Iphigenie* geschrieben hatte. Die Verbindung Helenas mit Faust konnte erst entstehen, als sein eigener Hochklassizismus vorüber war und er – durch Nibelungen, van Eyck, Hafis und Calderon in andere Regionen geführt – bereit war, Antike und Mittelalter zu verbinden, wie es schon der Titel *Klassisch-romantische Phantasmagorie* ausdrückt. Fausts Herrschervision des freien Volks auf freiem Grund (V. 11 559-11 580) setzte dann Staatsdenken und weltweite Siedlungspläne voraus, wie sie Goethe erst im Alter im Gefüge der

Wanderjahre – die zweite Fassung erschien 1829 – durchgedacht hatte. – Im Frühling 1831 war *Faust II* im Allgemeinen fertig, nur der 4. Akt hatte noch Lücken. Goethe nahm sich vor, sie bis zu seinem Geburtstag auszufüllen; und es gelang. In der verhaltenen Bewegtheit der Briefe aus dieser Zeit spürt man, was dieser Abschluss für ihn bedeutete. – Wer wusste, dass das, was er gegeben hatte, schwer zu verstehen sei. Er blickte in dieser Zeit ins Weite. *Ich muss nun an die Enkel denken ....* Wann würde die Zeit kommen, da man dieses Werk verstehen würde, dieses Werk, in dem der aufmerksame Leser mehr finden werde, als ihm, dem Dichter selbst, bewusst sei? (An Meyer, 20. Juli 1831.) Er dachte an Jahrzehnte, vielleicht an unser Jahrhundert. Was konnte demgegenüber das Urteil der Zeitspanne bedeuten, die noch vor ihm lag? Er fühlte, dass sie kurz sein werde. Nur aus Abstand, nur als Ganzheit, nur nach langem liebevollem Betrachten war dieses Werk zu verstehn; er mochte die Stimmen derer, die sofort zu allem etwas zu sagen wissen, nicht hören. Er bestimmte dieses Werk der Zukunft und siegelte es ein. Es erschien, seinem Wunsche entsprechend, erst nach seinem Tode. Eckermann und Riemer gaben es noch im Jahre 1832 heraus als Band 1 der *Nachgelassenen Werke*.

So hatte er vom Erwachen seiner Dichterkraft bis an sein Ende daran gearbeitet, in sehr wechselvoller Art: schnell, langsam, impulsiv, aus Sehnsucht, die Poesie kommandierend, absichtsvoll, Material benutzend, schematisierend, intuitiv schauend. Der Faust-Stoff enthielt eine Vielfalt von Motiven, die alle für Goethe reizvoll wurden, freilich erst nach und nach. Und umgekehrt: Goethe durchlebte in seiner reichen Entwicklung viele verschiedene Lebensgebiete, und für sie alle fand er Symbole in dem Faust-Stoff. Die Verzweiflung an der Fakultätswissenschaft und die Seligkeit und Schuld der Liebe waren die Themen seiner Jugend. Im Mannesalter fesselten ihn die klassische Schönheit der Helena-Gestalt und das allgemeine Bild des Menschen, das durch den Pakt und den *Prolog im Himmel* gegeben wird. Den Greis bewegte Faust als Handelnder, Herrschender, dazu das Geheimnis des Schöpferischen, Urbildlichen, die Symbolik der klassischen Walpurgisnacht. Es ist ein Stoff, der ihn in allen Lebensstufen anzog; umgekehrt aber auch einer, den er, da er immer nur schrieb, was sich ihm organisch ergab, niemals in einer Altersstufe vollenden konnte. Zwischen den in dem Faust-Stoff angelegten Motiven und den von Goethe in seinem langen Leben durchlaufenen geistigen Bereichen ergaben sich also immer wieder glückhafte Entsprechungen. Wahrhaft eine besondere Beziehung zwischen Stoff und Dichter. Aus ihr erklärt sich, warum Goethe von seiner Jugend bis ins höchste Alter an diesem Werk gearbeitet hat und warum es also auch aus allen seinen Lebensperioden Kraft, Weisheit und Geheimnis in sich aufnehmen konnte.

Erich Trunz (Hrsg.): *Goethes „Faust“*. München 1972, S. 467-472.

13. TABELLARISCHE ÜBERSICHT DER SZENENFOLGE IN GOETHES FAUST

Urfaust	Fragment	Faust I
–	–	Zueignung 32 Verse: 1-32. Vorspiel auf dem Theater 210 Verse: 33-242.
	Faust Ein Fragment.	Der Tragödie erster Teil.
I. Szene: Nacht (248 V.) 1. Faust (1. Monolog). 129 Verse: 1-129. 2. Faust, Geist, 31 Verse: 130-160.	I. Szene: Nacht (248 V.) 1. Faust (1. Monolog). 128 Verse: 1-128. 2. Faust, Geist. 32 Verse: 129-160.	I. Szene: Nacht (454 V.) 1. Faust (1. Monolog). 128 Verse: 354-481. 2. Faust, Geist. 32 Verse: 482-513.
3. Faust (2. Monolog). 8 Verse: 161-168. 4. Faust, Wagner. 76 Verse: 169-244.	3. Faust (2. Monolog). 8 Verse: 161-168 4. Faust, Wagner. 76 Verse: 169-244.	3. Faust (2. Monolog). 8 Verse: 514-521. 4. Faust, Wagner. 80 Verse: 522-601.
5. Faust (3. Monolog). 4 Verse: 245-248.	5. Faust (3. Monolog). 4 Verse: 245-248.	5. Faust (3. Monolog). 135 Verse: 602-736. 6. Faust, Chorgesang. 71 Verse: 737-807.
–	–	II. Szene: Vor dem Tor (370 V.).

Urfaust	Fragment	Faust I
		1. Spaziergänger. 95 Verse: 808-902.
–	–	2. Faust, Wagner. 46 Verse: 903-948.
–	–	3. Bauern (Tanz und Gesang), Faust. 62 Verse: 949-1010.
–	–	4. Faust, Wagner. 167 Verse: 1011-1177.
–	–	III. Szene: Studierzimmer (352 V.) 1. Faust (mit d. Pudel). 81 Verse: 1178-1258.
–	–	2. Faust, Geister (Beschwörung) 63 Verse: 1259-1321.
–	–	3. Vorige, Mephistopheles. 204 Verse: 1322-1525. 4. Faust (Monolog). 4 Verse: 1526-1529.
II. Szene (Ortsangabe fehlt; 196 V.).	II. Szene (Ortsangabe fehlt; 303 V.). 1. Faust, Mephistopheles, 81 Verse: 249-329.	IV. Szene: Studierzimmer (543 V.). 1. Faust, Mephistopheles, Geister (Pakt). 321 Verse: 1530-1580.

Urfaust	Fragment	Faust I
–	2. Mephistopheles (1. Monolog). 17 Verse: 330-346.	2. Mephistopheles (1. Monolog). 17 Verse: 1851-1867.
1. Mephistopheles, Student. 194 Verse: 249-442.	3. Mephistopheles, Schüler. 181 Verse: 347-527.	3. Mephistopheles, Schüler. 181 Verse: 1868-2048.
2. Mephistopheles (Monolog). 2 Verse: 443-444.	4. Mephistopheles (2. Monolog). 2 Verse: 528-529.	4. Mephistopheles (2. Monolog). 2 Verse: 2049-2050.
–	5. Mephistopheles, Faust. 22 Verse: 530-551.	5. Mephistopheles, Faust. 22 Verse: 2051-2072.
		(IV a: Auditorium, Disputation). Schema: Paralipomenon. 14. Von der Ausführung bekannt: 13 Verse s. Paralipomenon 15.
III. Szene: Auerbachs Keller (8 V. u. 210 Zeilen Prosa, mit Einschluss der Lieder).	III. Szene: Auerbachs Keller (264 V.).	V. Szene: Auerbachs Keller (264 V.).

Urfaust	Fragment	Faust I
1. Zeche lustiger Gesellen. 8 Verse: 445-452, 54 Zeilen: 1-54. 2. Vorige, Faust, Mephistopheles. 142 Zeilen: 55-196. 3. Vorige, ohne Faust u. Mephistopheles. 14 Zeilen: 197-210.	1. Zeche lustiger Gesellen. 85 Verse: 552-636. 2. Vorige, Faust, Mephistopheles. 164 Verse: 637-800. 3. Vorige, ohne Faust u. Mephistopheles. 15 Verse: 801-815.	1. Zeche lustiger Gesellen. 85 Verse: 2073-2157. 2. Vorige, Faust, Mephistopheles. 164 Verse: 2158-2321. 3. Vorige, ohne Faust u. Mephistopheles. 15 Verse: 2322-2336.
IV. Szene: Land-Straße (4 V.). Faust, Mephistopheles 4 Verse: 453-456.	–	–
–	–	(V a: Überleitungs-szene zu VI.). Schema: Paralipomenon 35
–	IV. Szene: Hexenküche (252 V.). 1. Faust, Mephisto, Meerkatzen. 112 Verse: 816-927.	VI. Szene: Hexenküche (268 Verse). 1. Faust, Mephisto, Meerkatzen. 128 Verse: 2337-2464.

Urfaust	Fragment	Faust I
–	2. Vorige, Hexe. 140 Verse: 928-1067.	2. Vorige, Hexe. 140 Verse: 2465-2604.
V. Szene: Straße (73 V.).	V. Szene: Straße (73 V.).	VII. Szene: Straße (73 V.). (?-vgl. Paralipomenon 38.) (?-vgl. Paralipomenon 37.)
1. Faust, Margarete. 4 Verse: 457-460.	1. Faust, Margarete. 4. Verse: 1068-1071.	1. Faust, Margarete. 4 Verse: 2605-2608.
2. Faust (Monolog). 10 Verse: 461-470.	2. Faust (Monolog). 10 Verse: 1072-1081.	2. Faust (Monolog). 10 Verse: 2609-2618.
3. Faust, Mephisto- pheles. 55 Verse: 471-525.	3. Faust, Mephisto- pheles. 55 Verse: 1082-1136.	3. Faust, Mephisto- pheles. 55 Verse: 2619-2673.
4. Mephistopheles (Monolog). 4 Verse: 526-529.	4. Mephistopheles (Monolog). 4 Verse: 1137-1140.	4. Mephistopheles (Monolog). 4 Verse: 2674-2677.
VI. Szene: Abend. Zimmer (127 V.).	VI. Szene: Abend. Zimmer (127 V.).	VIII. Szene: Abend. Zimmer (127 V.).
1. Margarete (1. Monolog). 6 Verse: 530-535.	1. Margarete (1. Monolog). 6 Verse: 1141-1146.	1. Margarete (1. Monolog). 6 Verse: 2678-2683.

Urfaust	Fragment	Faust I
2. Mephistopheles, Faust. 3 Verse: 536-538.	2. Mephistopheles, Faust. 3 Verse: 1147-1149.	2. Mephistopheles, Faust. 3 Verse: 2684-2686.
3. Faust (Monolog). 42 Verse: 539-580.	3. Faust (Monolog). 42 Verse: 1150-1191.	3. Faust (Monolog). 42 Verse: 2687-2728.
4. Faust, Mephistopheles. 24 Verse: 581-604.	4. Faust, Mephistopheles. 24 Verse: 1192-1215.	4. Faust, Mephistopheles. 24 Verse: 2729-2752.
5. Margarete (2. Monolog, mit ‚König in Thule', 1. Fassung). 52 Verse: 605-656.	5. Margarete (2. Monolog, mit ‚König in Thule', 2. Fassung). 52 Verse: 1216-1267.	5. Margarete (2. Monolog mit ‚König in Thule', 2. Fassung). 52 Verse: 2753-2804.
VII. Szene: Allee (62 V.). 1. Faust, Mephistopheles. 56 Verse: 657-715.	VII. Szene: Spaziergang (60 V.). 1. Faust, Mephistopheles. 57 Verse: 1268-1324.	IX. Szene: Spaziergang (60 V.). 1. Faust, Mephistopheles. 57 Verse: 2805-2861.
2. Mephistopheles allein. 3 Verse: 716-718.	2. Mephistopheles allein. 3 Verse: 1325-1327.	2. Mephistopheles allein. 3 Verse: 2862-2864.
VIII. Szene: Nachbarin Haus (160 V.).	VIII. Szene: Der Nachbarin Haus (160 V.).	X. Szene: Der Nachbarin Haus (160 V.).

Urfaust	Fragment	Faust I
1. Marthe (Monolog). 10 Verse: 719-728.	1. Marthe (Monolog). 8 Verse: 1328-1335.	1. Marthe (Monolog). 8 Verse: 2865-2872.
2. Marthe, Margarete. 22 Verse: 729-750. 3. Vorige, Mephisto- pheles. 128 Verse: 751-878.	2. Marthe, Margarete. 24 Verse: 1336-1359. 3. Vorige, Mephisto- pheles. 128 Verse: 1360-1478.	2. Marthe, Margarete. 24 Verse: 2873-2896. 3. Vorige, Mephisto- pheles. 128 Verse: 2897-3024.
IX. Szene (Ortsangabe fehlt; 46 V.). Faust, Mephistopheles. 46 Verse: 879-924.	IX. Szene: Straße (48 V.). Faust, Mephistopheles. 48 Verse: 1488-1535.	XI. Szene: Straße (48 V.). Faust, Mephistopheles. 48 Verse: 3025-3072.
X. Szene: Garten (129 V.). Margarete, Faust, Marthe, Mephisto- pheles. 129 Verse: 925-1053.	X. Szene: Garten (129 V.). Margarete, Faust, Marthe, Mephisto- pheles. 129 Verse: 1536-1664.	XII. Szene: Garten (132 V.). Margarete, Faust, Marthe, Mephisto- pheles. 132 Verse: 3073-3204.

Urfaust	Fragment	Faust I
XI. Szene: Ein Gartenhäuschen (12 V.).	XI. Szene: Ein Gartenhäuschen (12 V.).	XIII. Szene: Ein Gartenhäuschen (12 V.).
1. Margarete, Faust. 2 Verse: 1054-1055.	1. Margarete, Faust. 2 Verse: 1665-1666.	1. Margarete, Faust. 2 Verse: 3205-3206.
2. Vorige, Mephistopheles. 1 Vers: 1056.	2. Vorige, Mephistopheles. 1 Vers: 1667.	2. Vorige, Mephistopheles. 1 Vers: 3207.
3. Vorige, Marthe. 3 Verse: 1057-1059.	3. Vorige, Marthe. 3 Verse: 1668-1670.	3. Vorige, Marthe. 3 Verse: 3208-3210.
4. Margarete. (u. Marthe). 6 Verse: 1060-1065.	4. Margarete. (u. Marthe.) 6 Verse: 1671-1676.	4. Margarete. (u. Marthe.) 6 Verse: 3211-3216.
–	S. XV, 1.	XIV. Szene: Wald u. Höhle (157 V.). 1. Faust (Monolog). 34 Verse: 3217-3373.
s. XVIII.	s. XV, 2.	Faust, Mephistopheles. 123 Verse: 3251-3373.
XII. Szene: Gretchens Stube (40 V.). Gretchen (Monolog). 40 Verse: 1066-1105.	XII. Szene: Gretchens Stube (40 V.). Gretchen (Monolog). 40 Verse: 1677-1716.	XV. Szene: Gretchens Stube (40 V.). Gretchen (Monolog). 40 Verse: 3374-3413.

Urfaust	Fragment	Faust I
XIII. Szene: Marthens Garten (130 V.). 1. Margarete, Faust. 107 Verse: 1106-1212. 2. Faust, Mephistopheles. 23 Verse: 1213-1235.	XIII. Szene: Marthens Garten (130 V.). 1. Margarete, Faust. 107 Verse: 1717-1823. 2. Faust, Mephistopheles. 23 Verse: 1824-1846.	XVI. Szene: Marthens Garten (130 V.). 1. Margarete, Faust. 107 Verse: 3414-3520. 2. Faust, Mephistopheles. 23 Verse: 3521-3543.
XIV. Szene: Am Brunnen (42 V.). 1. Gretchen, Lieschen. 32 Verse: 1236-1267. 2. Gretchen (Monolog). 10 Verse: 1268-1277.	XIV. Szene: Am Brunnen (43 V.). 1. Gretchen, Lieschen. 33 Verse: 1847-1879. 2. Gretchen (Monolog). 10 Verse: 1880-1889.	XVII. Szene: Am Brunnen (43 V.). 1. Gretchen, Lieschen. 33 Verse: 3544-3576. 2. Gretchen (Monolog). 10 Verse: 3577-3586.
– s. XVII.	XV. Szene: Wald und Höhle (157 V.). 1. Faust (Monolog). 34 Verse: 1890-1923. 2. Faust, Mephistopheles. 123 Verse: 1924-2046.	s. XIV, 1. s. XIV, 2.

Urfaust	Fragment	Faust I
XV. Szene: Zwinger (33 V.). Gretchen (Monolog). 33 Verse: 1278-1310.	XVI. Szene: Zwinger (33 V.). Gretchen (Monolog). 33 Verse: 2047-2079.	XVIII. Szene: Zwinger (33 V.). Gretchen (Monolog). 33 Verse: 3587-3619.
S. XVII.	–	XIX. Szene: Nacht. Straße vor Gretchens Türe (156 V.). 1. Valentin (Monolog). 30 Verse: 3620-3649.
s. XVIII.	–	2. Faust, Mephistopheles (Valentin verborgen) 48 Verse: 3650-3697.
–	–	3. Vorige, Valentin 18 Verse: 3698-3715.
–	–	4. Vorige, Marthe, Gretchen, Volk. 60 Verse: 3716-3775.
XVI. Szene: Dom (61 V.). Gretchen (u. alte Verwandte), Böser Geist, Chor. 61 Verse: 1311-1371.	XVII. Szene: Dom (58 V.). Gretchen (und Volk), Böser Geist, Chor. 58 Verse: 2080-2137.	XX. Szene: Dom (59 V.). Gretchen (und Volk), Böser Geist, Chor. 59 Verse: 3776-3834.

Urfaust	Fragment	Faust I
XVII. Szene: Nacht. Vor Gretchens Haus (26. V.).	–	s. XIX, 1.
Valentin (Monolog). 26 Verse: 1372-1397.		
XVIII. Szene: Orts- angabe fehlt; 38 V.). Faust, Mephisto- pheles. 38 Verse: 1398-1435.	s. XV, 2.	s. XIX, 2. XIV, 2.
–	–	XXI. Szene: Walpur- gisnacht (556 V.). 1. Harzgebirge. Ge- gend von Schierke u. Elend (erster Aufstieg bis in d. Nähe des Brocken-Gipfels). 388 Verse: 3835-4222. Wegen nicht ausge- führter einleitender Szenen s. Paralipome- non 40. 2. Intermezzo: Wal- purgisnachtstraum.

Urfaust	Fragment	Faust I
		168 Verse: 4223-4334. 4335-4398. (3. Zweiter Aufstieg, bis zum Gipfel, Satan-Szenen; nicht ausgeführt). Schema: Paralipomenon 48 Z. 1-7. 50 Z. 1 f. Von d. Ausführung bekannt 96 Verse, s. Paralipomenon 53 Z. 4-112. (4. Schluss des Festes, Abstieg; nicht ausgeführt). Schema: Paralipomenon 48 Z. 8 f. 50 Z. 119 f. 128-144. Von d. Ausführung bekannt: 8 Verse, s. Paralipomenon 53 Z. 114-117. 122-125. (5. Hochgerichts-Erscheinung: nicht ausgeführt. Vgl. XXIII. Szene). Schema: Paralipomenon 53 Z. 145-148. 165-172.

Urfaust	Fragment	Faust I
		Von d. Ausführung bekannt: 16 Verse, s. Paralipomenon 53 Z. 149-164.
XIX. Szene (Ortsangabe fehlt; 67 Z. Faust, Mephistopheles. 67 Zeilen in Prosa.	–	XXII. Szene: Trüber Tag. Feld (81 Z.). Faust, Mephistopheles. 81 Zeilen in Prosa.
XX. Szene: Nacht. Offen Feld (6 V.). Faust, Mephistopheles. 6 Verse: 1436-1441.	–	XXIII. Szene: Nacht. Offen Feld (6 V.). Faust, Mephistopheles 6 Verse: 4399-4404.
XXI. Szene: Kerker (111 Z.). 1. Faust (Monolog; Lied Gretchens), 12 Zeilen: 1-12. 2. Faust, Margarete. 88 Zeilen: 13-100. 3. Vorige, Mephistopheles. 11 Zeilen: 101-111.	–	XXIV. Szene: Kerker (208 V.). 1. Faust (Monolog; Lied Gretchens). 18 Verse: 4405-4422. 2. Faust, Margarete. 174 V.: 4423-4596. 3. Vorige, Mephistopheles. 16 Verse: 4597-4612.

Faust II

1797-1800:	Schema zu Teil I und II (Paralip. 5)
	V. Akt: Einige Skizzen zu den Szene „Mitternacht“ bis „Grablegung“ (Paralip. 227, 229, 230, 232, 235)
	III. Akt: Paralip. 92, 84 („Helena, Ägypterin, Mägde“)
	Großes Helena-Fragment vom Sept. 1800
	(Vers 8498-8802, ohne die ersten Chorpartien und mit anderen Abweichungen): „Helena im Mittelalter, Sartyrdrama, Episode zu Faust“
	1. Akt: Paralip. 114 („Bravo, alter Fortinbras“), wahrscheinlich auch andere Paralip., z. B. Paralip. 66 ff., 86-90 u. a.
1816:	Inhaltsangabe der Faust-II-Dichtung (für „Dichtung und Wahrheit“ bestimmt): Paralip 70 (vom 16. Dez.)
1825:	Neue Inangriffnahme der Helena-Dichtung (25. Febr.), fortlaufend Arbeit an ihr bis Juni 1826, z.T. noch bis Frühjahr 1827.
	Möglicherweise im Frühjahr 1825 auch Teile des V. Aktes („Mitternacht“ bis „Grablegung“)
1826:	Vermutlich erste Faust-II-Szene und Teile des V. Aktes im Frühjahr
	Im Anschluss an die Fertigstellung der „Helena“ große Entwürfe zum II. Akt am 10. Juni, 9. November und 17. Dezember (Paralip. 72, 86, 73). Die eigentliche Ausarbeitung der Klassischen Walpurgisnacht setzt erst wieder 1829/30 ein.
1827:	Skizze zum I. Akt („Faust schlafend, Geister des Ruhms“: Paralip. 100, wahrscheinlich im Mai). Weitere Arbeit am I. Akt, vgl. Paralip. 179, 180 (Nov., Dez.) u.a.
1828:	Am 14. Jan. Absendung des I. Aktes bis Vers 6036 (Lustgarten: Salamander-Elementenvision) zur Veröffentlichung im 12. Bd. der Ausgabe letzter Hand.
1828-1830:	Weitere Arbeit am I. Akt und an den ersten Teilen des II. Aktes. Der I. Akt: Jan. 1830 vollendet.

1830:	Arbeit am II. Akt: Jan/Febr.: Klassische Walpurgisnacht, z. B. Paralip. 87 („Pharsalische Ebene, mond- und sternenhelle Nacht“), Paralip. 88 (6. Feb.: Schema zum II. Akt), im Jan.: Mephisto bei den Greifen und Sphinxen, Bergentstehung usw. Skizze zur Proserpina-Szene (Faust in der Unterwelt), Paralip. 91 (18. Juni)
	Klassische Walpurgisnacht vor dem 25. Juni beendet. Vom V. Akt wahrscheinlich die Szene „Bergschluchten“ Dez. 1830.
1831:	V. Akt: Philemon und Baucis-Szenen („Offene Gegend“ bis „Tiefe Nacht“) und Fausts Schlussmonolog.
	IV. Akt. „Das Hauptgeschäft zustande gebracht“; 22. Juli.
1832:	„Neue Aufregung zu Faust“: 24. Jan.

Horst Hartmann: *Faust-Gestalt, Faust-Sage, Faust-Dichtung.* Berlin ^{2}1982, S. 38-49.

14. JOHANN WOLFGANG GOETHE: SKIZZE DES INHALTS VON FAUST II (1816)

Zu Beginn des zweiten Teiles findet man Faust schlafend. Er ist umgeben von Geister-Chören, die ihm in sichtlichen Symbolen und anmutigen Gesängen die Freuden der Ehre, des Ruhms, der Macht und Herrschaft vorspiegeln. Sie verhüllen in schmeichelnde Worte und Melodien ihre eigentlich ironischen Anträge. Er wacht auf, fühlt sich gestärkt, verschwunden alle vorhergehende Abhängigkeit von Sinnlichkeit und Leidenschaft. Der Geist, gereinigt und frisch, nach dem Höchsten strebend.

Mephistopheles tritt zu ihm ein und macht ihm eine lustige aufregende Beschreibung von dem Reichstage zu Augsburg, welchen Kaiser Maximilian dahin zusammenberufen hat, indem er annimmt, dass alles vor dem Fenster drunten auf dem Platze vorgeht, wo Faust jedoch nichts sehen kann. Endlich will Mephistopheles an einem Fenster des Stadthauses den Kaiser sehen, mit einem Fürsten sprechend, und versichert Fausten, dass nach ihm gefragt worden, wo er sich befinde und ob man ihn nicht einmal an Hof schaffen könne. Faust lässt sich bereden, und sein Mantel beschleunigt die Reise. In Augsburg landen sie an einer einsamen Halle, Mephistopheles geht aus, zu spionieren. Faust verfällt indes in seine früheren abstrusen Spekulationen und Forderungen an sich selbst, und als jener zurückkehrt, macht Faust die wunderbare Bedingung, Mephistopheles dürfe nicht in den Saal sondern müsse auf der Schwelle bleiben, ferner, dass in des Kaisers Gegenwart nichts von Gaukelei und Verblendung vorkommen solle. Mephistopheles gibt nach. Wir werden in einen großen Saal versetzt, wo der Kaiser, eben von der Tafel aufstehend, mit einem Fürsten ins Fenster tritt und gesteht, dass er sich Faustens Mantel wünsche, um in Tirol zu jagen und morgen zur Sitzung wieder zurück zu sein. Faust wird angemeldet und gnädig aufgenommen. Die Fragen des Kaisers beziehen sich alle auf irdische Hindernisse, wie sie durch Zauberei zu beseitigen sind. Fausts Antworten deuten auf höhere Forderungen und höhere Mittel. Der Kaiser versteht ihn nicht, der Hofmann noch weniger. Das Gespräch verwirrt sich, stockt, und Faust, verlegen, sieht sich nach Mephistopheles um, welcher sogleich hinter ihn tritt und in seinem Namen antwortet. Nun belebt sich das Gespräch, mehrere Personen treten näher, und jedermann ist zufrieden mit dem wundervollen Gast. Der Kaiser verlangt Erscheinungen, sie werden zugesagt. Faust entfernt sich der Vorbereitungen wegen. In dem Augenblick nimmt

Mephistopheles Fausts Gestalt an, Frauen und Fräuleins zu unterhalten, und wird zuletzt für einen ganz unschätzbaren Mann gehalten, da er durch leichte Berührung einer Handwarze, durch einen etwas derberen Tritt seines vermummten Pferdefußes ein Hühnerauge kuriert, und ein blondes Fräulein verschmäht nicht, ihr Gesichtchen durch seine hagern und spitzen Finger betupfen zu lassen, indem der Taschenspiegel ihr sogleich, dass eine Sommersprosse nach der andern verschwindet, tröstlich zusagt. Der Abend kommt heran, ein magisches Theater erbaut sich von selbst. Es erscheint die Gestalt der Helena. Die Bemerkungen der Damen über diese Schönheit der Schönheiten beleben die übrigens fürchterliche Szene. Paris tritt hervor und diesem ergeht's von Seiten der Männer, wie es jener von Seiten der Frauen ergangen. Der verkappte Faust gibt beiden Teilen Recht und es entwickelt sich eine sehr heitere Szene.

Über die Wahl der dritten Erscheinung wird man nicht einig, die herangezogenen Geister werden unruhig; es erscheinen mehrere Bedeutende zusammen. Es entstehen sonderbare Verhältnisse, bis endlich Theater und Phantome zugleich verschwinden. Der wirkliche Faust, von drei Lampen beleuchtet, liegt im Hintergrund ohnmächtig, Mephistopheles macht sich aus dem Staube, man ahndet etwas von dem Doppeltsein, niemandem ist wohl bei der Sache zu Mute.

Mephistopheles, als er wieder auf Fausten trifft, findet diesen in dem leidenschaftlichsten Zustande. Er hat sich in Helena verliebt und verlangt nun, dass der Tausendkünstler sie herbeischaffen und ihm in die Arme liefern solle. Es finden sich Schwierigkeiten. Helena gehört dem Orkus und kann durch Zauberkünste wohl herausgelockt, aber nicht festgehalten werden. Faust steht nicht ab, Mephistopheles unternimmt's. Unendliche Sehnsucht Fausts nach der einmal erkannten höchsten Schönheit. Ein altes Schloss, dessen Besitzer in Palästina Krieg führt, der Kastellan aber ein Zauberer ist, soll der Wohnsitz des neuen Paris werden. Helena erscheint; durch einen magischen Ring ist ihr die Körperlichkeit wiedergegeben. Sie glaubt soeben von Troja zu kommen und in Sparta einzutreffen. Sie findet alles einsam, sehnt sich nach Gesellschaft, besonders nach männlicher, die sie ihr lebenlang nicht entbehren kann. Faust tritt auf und steht als deutscher Ritter sehr wunderbar gegen die antike Heldengestalt. Sie findet ihn abscheulich, allein da er zu schmeicheln weiß, so findet sie sich nach und nach in ihn, und er wird der Nachfolger so mancher Heroen und Halbgötter. Ein Sohn entspringt aus dieser Verbindung, der, sobald er auf die Welt kommt, tanzt, singt und mit Fechterstreichen die Luft teilt. Nun muss man wissen, dass das Schloss mit einer Zaubergrenze umzogen ist, innerhalb welcher allein diese Halbwirklichkeiten gedeihen können. Der immer zunehmende Knabe macht der Mutter viel Freude. Es ist ihm alles erlaubt, nur verboten, über einen gewissen Bach zu gehen. Eines Festtags aber hört er drüben Musik und sieht die Landleute und Soldaten tanzen. Er überschreitet die Linie, mischt sich unter sie und kriegt Händel, verwundet viele, wird aber zuletzt durch ein geweihtes Schwert erschlagen. Der Zauberer Kastellan rettet den Leichnam. Die Mutter ist untröstlich und indem Helena in Verzweiflung die Hände ringt, streift sie den Ring ab und fällt Faust in die Arme, der aber nur ihr leeres Kleid umfasst. Mutter und Sohn sind verschwunden. Mephistopheles, der bisher unter der Gestalt einer alten Schaffnerin von allem Zeuge gewesen, sucht seinen Freund zu trösten und ihm Lust und Besitz einzuflößen. Der Schlossherr ist in Palästina umgekommen, Mönche wollen sich der Güter bemächtigen, ihre Segenssprüche heben den Zauberkreis auf. Mephistopheles rät zur physischen Gewalt und stellt Fausten drei Helfershelfer mit Namen Raufebold, Habebald, Haltefest. Faust glaubt sich nun genug ausgestattet und entlässt Mephistopheles und Kastellan, führt Krieg mit den Mönchen, rächt den Tod seines Sohnes und gewinnt große Güter. Indessen altert er und wie es weiter ergangen, wird sich zeigen, wenn wir künftig die Fragmente oder vielmehr die zerstreut gearbeiteten Stellen dieses zweiten Teils zusammenräumen und dadurch einiges retten, was den Lesern interessant sein wird.

15. GANG DER HANDLUNG IN GOETHES FAUST

Vorspiel auf dem Theater

Der Direktor, der Theaterdichter und eine lustige Person diskutieren über den Sinn des Theatermachens. Der Direktor hat vor allem die wirtschaftliche Seite, das Geschäftliche im Auge und achtet auf das volle Haus und darauf, es dem Publikum recht zu machen. Der Dichter hingegen bekennt sich zur Poesie, die von Menge nichts hält und eigenen Gesetzen verpflichtet ist. Die lustige Person hält Ratschläge parat, wie man dem Publikum möglichst gefällig sein kann.

Prolog im Himmel

Der Prolog zeigt uns den Herrn als mittelalterlichen Herrscher. Die drei Erzengel Raphael, Gabriel und Michael verherrlichen vor dem himmlischen Hofstaat die Schöpfung. Auch Mephistopheles ist anwesend; er spielt an diesem Hofe die Rolle des Schalks und kritisiert die Schöpfung. Vor allem hält er den Menschen für misslungen, denn er bezeichnet es als Fehler, dass Gott ihm den „Schein des Himmelslichts“ gegeben hat, den die Menschen Vernunft nennen, aber nur missbrauchen. Der Herr nennt als Beispiel den Dr. Faust, den er als „Knecht“ bezeichnet. Mephistopheles verhöhnt die Leidenschaft dieses „Toren“ und bietet dem Herrn eine Wette an, er könne Faust dazu bringen, vom Herrn abzufallen. Der Herr ignoriert dieses Angebot, lässt Mephistopheles aber freie Hand, Faust zu versuchen. Er äußert die Gewissheit, dass es Mephistopheles nicht gelingen werde, ihn vom rechten Weg abzubringen. Seine Schöpfung ist vollkommen, wenn auch der Mensch „irrt“, so lange er „strebt“.

Der Tragödie erster Teil

Faust verzweifelt an der Erkenntnis, das ihm die Wissenschaften keinen endgültigen Aufschluss über den Sinn des Seins gegeben haben. Er leidet unter der Begrenztheit des menschlichen Erkenntnisvermögens und hat sich daher mit Magie beschäftigt. Auf diesem Wege will er andere Geheimnisse des Kosmos enträtseln, als es die Wissenschaften vermögen. Zuerst glaubt er, im Buch des Nostradamus durch das Zeichen des Makrokosmos die Harmonie des Alls zu begreifen, doch er erkennt bald, dass er nur Zeichen, Abbild und nicht wirkliche Harmonie erfassen kann. Er wendet sich nun der Beschwörung des Erdgeistes zu, der auch wirklich erscheint, ihn aber als „Wurm“ bezeichnet und zurückweist, da der zwergenhafte Mensch gegenüber der urgewaltigen Natur nichts bedeute. Die nächtliche Beschwörung wird unterbrochen durch den Famulus Wagner, der Faust in ein Gespräch über Rhetorik und Buchgelehrsamkeit verwickeln will. Dieser aber fertigt den ungebetenen Besucher kurz ab und bittet, allein gelassen zu werden. Durch dieses Gespräch ist Faust noch mehr angewidert und verzweifelt gänzlich an seiner menschlichen Begrenztheit. Da kommt ihm der Gedanke, seine Qualen durch Selbstmord zu beenden, um vielleicht auf diese Weise eine Erfahrung zu machen, die normale menschliche Möglichkeiten übersteigt. Zugleich verspricht der schnelle Tod Beruhigung und ein Ende seiner Leiden. Doch die Glocken künden vom anbrechenden Ostermorgen, und Faust wird an seine glücklicheren Kindertage erinnert. Diese Erinnerung, nicht der Glaube an die Frohe Botschaft des Ostertages, hält ihn vom Selbstmord ab.

Mit dem Famulus Wagner tritt Faust nun zum Osterspaziergang vor die Tore der Stadt. Die Natur zeigt sich in frühlingshaftem Aufbruch und ist zur Erneuerung bereit. Das Volk feiert das Ende des Winters. Faust wird von den Menschen mit Freude und Achtung begrüßt, weil man sich dankbar an seine Tätigkeit und Hilfe bei einer früheren Epidemie erinnert. Allerdings kann die Natur das Gemüt Fausts nicht lange erheitern, und die Dankbarkeit der Leute gemahnt ihn an seine Unfähigkeit, gegen Krankheiten wirklich etwas auszurichten. Wieder verzweifelt Faust an den Grenzen der Menschheit und bekennt, dass „zwei Seelen" in seiner Brust wohnen, von denen die eine am irdischen Leben hängt, die andere aber versucht, sich von der Endlichkeit abzuheben. Diese Doppelnatur des Menschen kommt in Faust zu einer so starken Konfrontation, dass sie grenzenloses Leid in ihm verursacht.

Ein seltsamer Pudel ist den beiden nach Hause gefolgt und legt sich zu Faust, der versucht, den Anfang des Johannesevangeliums ins Deutsche zu übertragen. Doch schon beim ersten Satz („Im Anfang war das Wort") stockt Faust, weil er das griechische „Logos" nicht mit „Wort" übersetzen mag, wie Luther es getan hat. Seine Lebensphilosophie zeigt sich in den alternativen Übersetzungsvorschlägen „Sinn", „Kraft" und schließlich „Tat". Der Pudel meldet sich und wird zur teuflischen Erscheinung. Als Faust ihn beschwört, wandelt er sich in Mephistopheles, der die Gestalt eines fahrenden Studenten angenommen hat.

Er stellt sich als „Geist, der stets verneint" vor und bietet seine Dienste an. Als Faust erfährt, dass auch die Hölle ihre Gesetze habe, kommt ihm der Gedanke, einen Pakt zu schließen. Mephistopheles will aber freiwillig wiederkommen, denn er ist durch Zufall Gefangener Fausts. Mittels seiner Künste schläfert er den Gelehrten ein und verschwindet. Faust fühlt sich betrogen, doch Mephistopheles kehrt zurück. Faust offenbart ihm den ganzen Abscheu, den er vorm

Leben empfindet, doch Mephistopheles versteht den Kern dieses Strebens und der Verzweiflung nicht. Schließlich bietet er Faust einen Pakt an; er will ihm auf der Erde dienen, Faust soll dafür sein Diener im Jenseits sein. Doch Faust ist am Jenseits, also am Leben nach dem Tode, falls es eines gibt, nicht interessiert, und er betont noch einmal, dass alle seine Qualen allein aus seiner irdischen Existenz quellen. Ab hier verstehen Faust und Mephisto Unterschiedliches unter „Genuss". Der Teufel glaubt, Faust durch sinnlichen Genuss zufrieden machen zu können. Faust hingegen weiß, dass sein Streben, da es aus der Doppelnatur der menschlichen Seele entspringt, nicht durch sinnliches Genießen überwunden werden kann. Deshalb ist er bereit, mit Mephistopheles zu wetten, dass es diesem niemals gelingen werde, ihn durch Genuss zu „betrügen". Auch erwartet Faust keine sinnlichen „Genüsse", vielmehr behauptet er, der Teufel könne ihn zwar von seiner Qual ablenken, nicht aber heilen. Die Wette wird mit Blut besiegelt, und Faust bereitet sich auf eine Reise durch die Welt vor. Währenddessen empfängt Mephistopheles in der Rolle Fausts einen jungen Studenten, der den Professor um Rat fragen möchte, wie er sein Studium anlegen soll. In einer Satire auf den Universitätsbetrieb verhöhnt Mephistopheles das menschliche Streben nach Wissen und rät dem Studenten, unter dem Vorwand, Arzt zu sein, leichtgläubige Frauen für seine Gelüste gefügig zu machen.

Die erste Station der Reise führt zu Auerbachs Keller in Leipzig. Dort will Mephistopheles Faust das in seinen Augen „lustige" Treiben der Studenten zeigen. Faust aber fühlt sich von den derben Späßen der Trunkenbolde abgestoßen. Die fremden Herren zaubern Wein herbei und müssen dann vor den aufgebrachten Studenten fliehen.

Mephistopheles schleppt Faust in eine Hexenküche, wo sich der Teufel Respekt verschafft und die Hexe auffordert, einen Verjüngungstrank zu bereiten, der aus dem alten Gelehrten einen stürmischen Jüngling machen soll. In einem Zauberspiegel erblickt Faust die Gestalt Helenas und ist von ihrem Anblick entzückt. Mephisto prophezeit, dass Faust nach dem Genuss des Hexentranks bald „Helena in jedem Weibe" sehen wird.

In einer kleinen Stadt begegnet Faust Gretchen, die gerade von der Beichte kommt und auf dem Wege nach Hause ist. Faust spricht sie in unsittlicher Weise an, doch sie weist ihn zurück. Mephisto muss nun Schmuck besorgen, der als Geschenk für das Mädchen dienen soll. Da die Kuppelei nicht so einfach zu bewerkstelligen ist, will Faust das Zimmer des Mädchens sehen. Er dringt ein und findet sich betroffen von der Ausstrahlung dieser kleinbürgerlichen Enge, die ihm zugleich aber ein selbst nie gekanntes Gefühl der Geborgenheit und Zufriedenheit vermittelt. Er reißt sich von dieser Idylle los, hat aber erste Gewissensregungen gespürt.

Mephistopheles hat ein Schmuckkästchen besorgt und stellt es in einen Schrank. Als Gretchen ihr Zimmer betritt, spürt sie, dass etwas Fremdes da gewesen sein muss. In ihrer Angst singt sie das Lied vom König von Thule, findet dann das Kästchen und ist von den Schätzen geblendet. Sie sehnt sich danach, den fremden Mann wiederzusehen.

Da sie das Kästchen der Mutter übergeben hat, die es als „ungerechtes Gut“ zum Pfarrer trug, muss Mephistopheles einen neuen Schmuck herbeischaffen. Gretchen zeigt ihn der Nachbarin, Frau Marthe Schwerdtlein, zu der sie mehr Vertrauen hat als zur eigenen Mutter. Dort klopft Mephistopheles an und führt sich als angeblicher Bekannter des in der Fremde verschollenen Mannes der Frau Marthe ein. Er erfindet die Geschichte vom Tode des Herrn Schwerdtlein und kann auf diese Weise eine Verabredung zwischen den Frauen und Faust vereinbaren, den er als Zeugen für seine Angaben benennt. So gelingt die Kuppelei, denn Gretchen ist der festen Überzeugung, dass Faust sie wirklich liebt. Bei dem Treffen im Garten gesteht das junge Mädchen dem Mann ihre Liebe, zugleich aber spürt sie, dass der Begleiter Fausts kein guter Mensch sein kann. Sie regt mit ihrer Frage nach der Religion Fausts Glaubensbekenntnis an.

Jetzt erwachen in Faust doch noch genügend Skrupel, dass er versucht sich von Mephistopheles zu trennen, doch schon zu tief ist er in diese Affäre verstrickt, so dass er nicht mehr zurück kann. Um zu seinem Ziel zu gelangen, gibt er dem willigen Mädchen einen angeblichen Schlaftrunk für die Mutter, der aber Gift darstellt. So ist die Bahn durch den Mord an der Mutter für die Liebesnacht frei. Bald sehen wir Valentin, den Bruder Gretchens, der von dem Fehltritt seiner Schwester gehört hat. Er stellt Faust und Mephistopheles vor seinem Haus, wird aber mit Hilfe des Mephistopheles von Faust getötet. Bevor er stirbt, verflucht er seine Schwester. Die Mörder fliehen.

Gretchen erfährt nun, welche Pein sie zu erwarten hat. Sie merkt, dass sie schwanger ist und erlebt im Dom bei einer Messe die schreckliche Vision des Jüngsten Gerichts. Ein böser Geist klagt sie der mehrfachen Missetat an. Am Brunnen muss sie hören, wie die anderen Mädchen mit einer ihresgleichen verfahren werden. Faust wird währenddessen von Mephistopheles abgelenkt und zur Walpurgisnacht auf den Blocksberg geführt. Während des Aufstiegs auf den Brocken werden sie mit allerlei dämonischen Gestalten konfrontiert, die eine maßlose Sinnlichkeit verkörpern. Faust ist schließlich angewidert und glaubt, in der Ferne die Gestalt von Gretchen zu sehen. Er will zu dem Mädchen zurück. In der Stadt hat sich nun Gretchens Schicksal erfüllt: Das neugeborene Kind hat sie ertränkt und wurde deshalb zum Tode verurteilt. Nun sitzt sie im Kerker und erwartet den Morgen der Hinrichtung. Faust dringt mit Mephistopheles’ Hilfe in den Kerker ein und versucht, Gretchen zur Flucht zu bewegen.

Gretchen erwacht aus einem Zustand der Verwirrung und klagt Faust an. Als dieser mit ihr fliehen will, vermag sie den Kerker nicht mehr zu verlassen. Als sie Mephistopheles erblickt, befiehlt sie sich der Gnade Gottes; es graut ihr selbst vor Faust. Mephistopheles führt Faust hinaus; eine Stimme verkündet, dass Gretchen gerettet sei.

Der Tragödie zweiter Teil

Auf blumigem Rasen in anmutiger Gegend schläft Faust. Der Luftgeist Ariel veranlasst, dass Geistergesang „des Vorwurfs glühend bittere Pfeile" aus den Gedanken des Schlummernden entfernt und sein Inneres von dem „erlebten Graus" reinigt. Erwacht, fühlt Faust des „Lebens Pulse" frisch lebendig schlagen. Im Nachsinnen über den Sonnenaufgang, der ihn emporreißt, um gleich darauf seine Augen zu schmerzen, wie über den Wassersturz, der sich in abertausend Strömen ergießt mit des „bunten Bogens Wechseldauer" darüber, erkennt er resigniert: „Am farbigen Abglanz haben wir das Leben", d.h. das Leben ist die endliche Erscheinung eines unerkennbar Metaphysisch-Ewigen. Wir werden nun an den Hof des Kaisers versetzt, wo Mephistopheles an die Stelle des Hofnarren tritt. Der Kanzler, der Heermeister, der Schatzmeister und der Marschalk breiten die Nöte des Reiches aus, die im Wesentlichen auf Geldmangel hinauslaufen. Mephistopheles weiß Rat. Man brauche nur Papiergeld auszugeben, das durch die Bodenschätze des Landes gedeckt sei, und allen ist geholfen. Vorerst wird bei Hofe Karneval gefeiert. Ein schier endloser Mummenschanz mit allerlei Volkstypen, mythologischen Masken und dem „Knaben Wagenlenker" (allegorische Figur für die Poesie) zieht unter der Leitung des Herolds auf. Faust steckt dabei in der Maske des Plutos (als Gott des Reichtums), Mephisto in der des Geizes, der Kaiser erscheint als der große Pan. Als das „Flammengaukelspiel" vorüber ist, begrüßt der Kaiser dankbar, dass Faust an seinen Hof gekommen ist. Denn seit seiner Ankunft wird Rechnung über Rechnung beglichen, alles mit Papiergeld, und die Sorgen scheinen geschwunden. Und schon hat der Kaiser neue Wünsche: er will Helena und Paris vor sich sehen, die Musterbilder aller Männer und Frauen. Das ist selbst für Mephistopheles keine ganz leichte Sache. Und er weist darauf hin, dass nur Faust selbst diese Aufgabe lösen kann, indem er zu den Müttern hinabsteigt, die als Göttinnen in hehrer Einsamkeit, in ort- und zeitloser Tiefe, thronen. Faust findet sich dazu bereit, und als er von der geheimnisvollen Fahrt wieder auftaucht, führt er dem erstaunten Kaiserhof die ebenso berühmten wie berüchtigten Gestalten des griechischen Altertums leibhaftig vor. Die Damen brechen bei dem Erscheinen des Paris in Entzücken aus, während die Herren mancherlei an ihm auszusetzen haben. Umgekehrt ist es bei dem Erscheinen der Helena: die Männerwelt, Jung und Alt, begeistert sich an ihrer Schönheit, während die Damen an die zweifelhafte Vergangenheit der „Buhlerin" erinnern. Faust selbst ist so hingerissen von der Erscheinung Helenas, dass er nach ihr greifen will. Im gleichen Augenblick erfolgt eine Explosion, die Erscheinungen gehen in Dunst auf, und Faust liegt ohnmächtig am Boden. So bringt ihn Mephistopheles in seine alte Studierstube zurück, wo er den Pakt unterzeichnete und wo noch die Feder liegt, mit der Faust sich dem Teufel verschrieb. Während Faust („zu schwer gelöstem Liebesbande von Helena paralysiert") schläft, reizt es Mephisto, noch einmal den Dozenten zu spielen. Wieder erscheint der Schüler, doch nun („entwachsen akademischen Ruten") als Baccalaureus. Nicht mehr bedarf er des Rates der Lehrer. Er selbst berät sie und meint, es sei am besten, die alten Professoren zeitig totzuschlagen. Doctor Wagner aber, Fausts Famulus von einst, braut im Laboratorium ein „herrlich Werk": Homunculus, den künstlichen Menschen, der nicht mehr auf natürliche Weise gezeugt wird, sondern der durch „Mischung" von vielen hundert Stoffen, die Wagner herausexperimentiert hat, in der Retorte hergestellt wird. Mephistopheles kommt gerade im rechten Augenblick, da das künstliche Gebilde sich zum ersten Male aus der Phiole vernehmen lässt. Es entschlüpft der Flasche und seinem Erzeuger und gibt aus der Höhe Mephistopheles gute Ratschläge, was er mit Faust anzufangen habe, nämlich ihn zur „klassischen Walpurgisnacht" nach Griechenland zu bringen, wo er genesen könne. Mephistopheles, dem als „nordischem Gespenst" zuerst nicht recht wohl bei dem Gedanken an die „antikischen Kollegen" ist, findet aber doch Geschmack daran, sobald Homunculus von „thessalischen Hexen" spricht. Homunculus und Mephistopheles brechen nun dorthin auf. Den noch immer schlafenden Faust nehmen sie auf dem Zaubermantel mit, den verblüfften Wagner lassen sie zurück.

An der Stätte der Entscheidungsschlacht von Pharsalus, in der Cäsar über Pompeius siegte, treffen sich am Jahrestag der Schlacht (nach alter Überlieferung) die Sagengestalten der Antike zu einer Art Walpurgisnacht (wie die nordischen Hexen bei Frühjahrsbeginn auf dem Brocken). Die thessalische Zauberin Erichtho, die das Spiel eröffnet, hat das „Nachgesicht" der Schlacht. Hierhin geht der Weg durch Luftfahrer. Faust erwacht, als er den Boden berührt. Seine erste Frage gilt Helena: „Wo ist sie?" Die Sphinxe („Vor solchen hat einst Ödipus gestanden") verweisen ihn an den weisen Kentaur Chiron, der ihn auf seinem Rücken zu der Seherin Manto trägt. Diese, die Verständnis für Fausts Begehren zeigt, zu Helena zu gelangen („den lieb ich, der Unmögliches begehrt"), geleitet ihn zur Unterwelt, wo er Helena finden soll. Mephistopheles findet sich indessen in der bunten Fabelwelt antiker Wesen zwischen Sphinxen,

Sirenen und Greifen nur mühsam zurecht („Zwar sind auch wir von Herzen unanständig, doch die Antike find' ich zu lebendig“). Ein Erdbeben, das der Gott Seismos erregt, lässt ihn sich fast verirren. Schließlich stellt er aber inmitten der gespenstischen, blutsaugenden Lamien fest, dass es „vom Harz bis Hellas immer Vettern“ für ihn gibt („Viel klüger bin ich, scheint es, nicht geworden. Absurd ist's hier, absurd im Norden!“) Weitläufige Verwandte glaubt er bei den drei uralten hässlichen Phorkyaden zu entdecken, die zusammen nur einen Raffzahn und ein Auge besitzen. Mephistopheles verwandelt sich nun zur Phorkyas, als der für ihn in dieser Welt gemäßen Maske. Homunculus, der sich von ihm gelöst hat, wird von dem Naturphilosophen Thales zu dem Meeresgott Nereus gebracht. Sein Sehnen geht dahin, sich aus dem kleinen, leuchtenden Zwerglein, als welches er zur Welt gekommen ist, zu verkörperlichen, Nereus verweist ihn an den großen Verwandlungskünstler Proteus, der ihm nach allerlei Proben seiner Kunst empfiehlt, im Wasser (als dem eigentlichen Urstoff der Welt) zu beginnen. Zu Füßen der Nereustochter Galatea, der schönsten der Meeresnymphen, die auf dem Muschelwagen dahergezogen kommt, zerschellt die Glashülle des Homunculus, als wäre er von „Pulsen der Liebe“ gerührt, und er verwandelt sich in Meeresleuchten. So vereinigen sich im Banne des Eros, „der alles begonnen“, die vier Elemente als Schlussapotheose dieses überaus phantasievollen, barocken Prachtgemäldes der „klassischen Walpurgisnacht“, das wie eine leuchtende Brücke aus dem rauen, mittelalterlichen Norden in die sonnenklare Welt der hellenischen Antike überleitet.

Vor dem Palast des Königs Menelaos zu Sparta tritt uns nun Helena leibhaftig entgegen. Wie in der attischen Tragödie ist sie von einem Chor gefangener Trojanerinnen begleitet. „Bewundert viel und viel gescholten“, ist die schönste Frau der Welt in Sorge, was ihr Gatte Menelaos mit ihr nach der Rückführung von Troja vorhaben könnte. Als sie den Palast betritt, erschreckt sie ein überaus hässliches altes Weib, das sich als Schaffnerin des Hauses ausgibt. Es ist Mephistopheles in der Gestalt der Phorkyas. Diese warnt Helena: Alles ist im Palast zu ihrer Opferung vorbereitet. Nur schnelle Flucht kann helfen. Phorkyas-Mephistopheles versetzt Helena und ihre Frauen nun auf eine Burg im Gebirge, wo ihnen Faust (in ritterlicher Hofkleidung des Mittelalters) entgegentritt. Von Helenas Schönheit geblendet, vergaß der Turmwächter Lynkeus, ihre Ankunft zu melden. Erschreckt muss Helena erkennen, dass es ihr Geschick ist, „überall der Männer Busen zu betören“. Der Werbung Fausts gibt sie statt und ergötzt sich an der Sprechweise der neuen Umgebung (Faust lehrt sie in Reimen sprechen). Menelaos, der mit Kriegsmacht heranzieht, wird abgewehrt. Und nun vollzieht sich in arkadischen Gefilden die Vermählung Fausts mit Helena. Der Ehe entspringt ein Sohn: der strahlende Knabe Euphorion, der sich mit dem

Chor in anmutigen Spielen und Reigen ergeht. Dem Glück ist jedoch nur kurze Dauer beschieden. Euphorion, der zweite Ikarus, will „höher und immer höher“ steigen und fliegen, bis er tot zu den Füßen der Eltern liegt. Er zieht die Mutter nach sich ins Reich der Schatten. Dem Glück und der Schönheit ist es nicht vergönnt, sich dauerhaft zu vereinen. Faust hält nur noch Helenas Kleid und Schleier in den Armen. Die ganze antike Welt des Helena-Aktes versinkt. Auch Phorkyas verwandelt sich wieder in Mephistopheles zurück. Er ist der heimliche Drahtzieher des ganzen Geschehens gewesen.

Im Hochgebirge treffen wir Faust wieder. In Wolkengebilden glaubt er noch einmal Idealbilder griechischer Frauenschönheit zu sehen („Junonen ähnlich, Leda'n Helenen“). Sie spiegeln ihm den großen Sinn der „blendend flüchtigen Tage“ wider, die hinter ihm liegen. Doch zugleich steigen Bilder der Vergangenheit, steigt Gretchen in ihm auf und ziehen „das Beste seines Innern mit sich fort“. Er fühlt die Kraft in sich zu neuen Taten und kühnem Fleiß („Die Tat ist alles, nichts der Ruhm“). Er möchte dem Meer Land abgewinnen. Und Mephistopheles sieht dazu sogleich Gelegenheit. Der Kaiser, den sie einst in seinen jungen Tagen mit Geld und Gaukelspiel unterhielten, ist durch Aufruhr in Schwierigkeiten geraten. Er steht vor der Entscheidungsschlacht. Faust soll eingreifen, wozu ihm Mephisto „aus Urgebirgs Urmenschenkraft“ die „drei Gewaltigen“ (Raufebold, Habebald und Haltefest) zur Verfügung stellt. Als Lohn soll Faust sich vom Kaiser den grenzenlosen Strand als Lehen erbitten. Von dem Vorgebirge, auf dem des Kaisers Zelt aufgeschlagen ist, sehen Faust und Mephisto der Schlacht zu und bieten dem Kaiser ihre Hilfe an. Der Kaiser, der sich lieber aus eigener Kraft geholfen hätte, gerät in Bedrängnis und sieht sich genötigt, die Hilfe anzunehmen. Dass auf diese Weise der Sieg nur mit „Satans Kunst“ errungen wurde, bleibt nicht verborgen. Der Erzbischof verlangt nun, dass der Hügelraum, von dem aus die Schlacht geleitet wurde, der Kirche zufällt, ja auch die Erträgnisse, die „des Reiches Strand“, der an Faust verliehen wurde, abwirft, sollen der Kirche zufließen. Dem Kaiser, der sich durch die Sünde teuflischer Zauberei belastet fühlt, bleibt nichts übrig, als sich dem Willen der Kirche zu fügen.

Mit der Landgewinnung und dem Bau eines Palastes auf dem neugewonnenen Grund ist die letzte Station in Fausts Leben erreicht. Seinem nie genügsamen Geist schweben aber immer neue Projekte vor. Zunächst wünscht er einen Hügel seinem Besitze einzuverleiben, auf dem in ärmlicher Hütte ein altes Ehepaar (Philemon und Baucis) haust. Da die Alten nicht freiwillig gehen, zerstört Mephistopheles ihre Hütte durch Brandstiftung, wobei sie zugrunde gehen. Vier graue Weiber (der Mangel, die Sorge, die Schuld und die Not) treten nun zu Faust, finden jedoch keinen Einlass bei ihm. Nur die Sorge schleicht durch das Schlüsselloch ein. Ihr Anhauch bewirkt, dass Faust erblindet („Die Menschen sind im ganzen Leben blind. Nun, Fauste, werde du's am Ende“). Doch auch jetzt noch erfüllen Pläne über Pläne den Geist des Ruhelosen. Millionen von Menschen möchte er Lebensräume zwischen Hügel und Meer schaffen. „Solch ein Gewimmel möcht' ich sehen, auf freiem Grund mit freiem Volke stehn.“ Das wäre ein Augenblick, zu dem er sagen dürfte: „Verweile doch, du bist so schön! Es kann die Spur von meinen Erdetagen nicht in Äonen untergehn.“ Doch mit diesem Wunsch hat sich sein Leben erfüllt. Er stirbt. Mephistopheles hat die Wette, die er einst mit ihm schloss, scheinbar gewonnen. Und schon rüstet er mit Hilfe der Lemuren die Grablegung. Mit phantastischen Beschwörungsgebärden lässt er Teufel erscheinen und einen Höllenrachen sich auftun, der Faust verschlingen soll. Doch herabschwebende Engel, die den ganzen Raum einnehmen und Mephistopheles verwirren, so sehr, dass die „appetitlichen Racker“ ihn lüstern machen, entreißen ihm Fausts Unsterbliches. Resigniert muss Mephistopheles bekennen: „Du bist getäuscht in deinen alten Tagen! Ein großer Aufwand schmählich ist vertan!“ Heilige Anachoreten, gebirgauf verteilt und zwischen den Klüften gelagert, begrüßen die Engel, die mit Fausts unsterblicher Seele emporschweben („Wer immer strebend sich bemüht, den können wir erlösen!“). In der höchsten Sphäre erscheint die Mater gloriosa selbst. Eine der Büßerinnen (sonst Gretchen genannt) bittet für den „früh Geliebten, nicht mehr Getrübten“. Und für sie bitten die drei großen Büßerinnen der Bibel (die Magna peccatrix, Maria Magdalena, des Lukasevangeliums, die Mulier Amaritana des Johannesevangeliums und die Maria Aegyptica der Acta Sanctorum). „Komm! Hebe dich zu höheren Sphären! Wenn er dich ahnet, folgt er nach“, ist die Antwort der Mater gloriosa. Ein Chorus mysticus, der auf das Vergängliche alles Irdischen hindeutet, das nur Gleichnis für das Ewige, „Unzulängliche“ ist, beschließt das Werk. „Das Unbeschreibliche, hier ist's getan. Das Ewig Weibliche zieht uns hinan.“

(Teil II nach *Reclams Schauspielführer*, Stuttgart 1960, S. 263-269.)

16. PARALIPOMENA ZUR WALPURGISNACHT

40

Aufmunterung zu Walpurgisnacht.

Daselbst

Frauen über die Stücke. Männer über das

L'hombre.

Rattenfänger von Hameln.

Hexe aus der Küche.

41

[Faust]: welch hohe Pracht
In den Bergen Waldesnacht

42

[Mephistopheles]: Wie man nach Norden weiterkommt,
Da nehmen Ruß und Hexen zu.

43

[Mephistopheles]: Bestünde nun die Weisheit mit der Jugend
Und Republiken ohne Tugend,
So wär die Welt dem höchsten Ziele nah.

44

[Mephistopheles]: Die Welt geht auseinander wie ein fauler Fisch,
Wir wollen sie nicht balsamieren.

Erscheinung Gretchens

45

[Faust]: Was für ein hölzern Bild sie an dem Halse hat,
Ein heiligs oder ein lebendigs.

46

[Faust]: Fiel vor mir hin und küsste mir die Hand,
Es brennt mich noch.

Intermezzo

47

Blocksbergs-Kandidaten.

Stilling: Das Geisterreich, hier kommt's zur Schau,
Den Gläubigen ersprießlich;
Doch find ich nicht die Weiße Frau,
So bin ich doch verdrießlich.

Gräfin: Der weisen Frauen gibt's genung
Für echte Weiberkenner;
Doch sage mir, mein lieber Jung:
Wo sind die weisen Männer?

Ptolemäer: Da tritt die Sonne doch hervor
Am alten Himmelsfenster.

Kopernikus: Nicht doch! es ist ein Meteor,
Ihr Narren und Gespenster!

Eutiner: Mit Fleiß und Tücke webt ich mir
Ein eignes Ruhmgespinste;
Doch ist mir's unerträglich hier:
Auch hier find ich Verdienste!

Wunderhorn: Hinweg von unserm frohen Tanz,
Du alter, neid'scher Igel!
Gönnst nicht dem Teufel seinen Schwanz,
Dem Engel nicht die Flügel.

Satansszenen nach dem Intermezzo

48

Nach dem Intermezzo.

Einsamkeit, Öde. Trompetenstöße. Blitze, Donner von oben. Feuersäulen, Rauch-Qualm. Fels, der daraus hervorragt. Ist der Satan. Großes Volk umher. Versäumnis. Mittel, durchzudringen. Schaden. Geschrei. Lied.

Sie stehen im nächsten Kreise. Man kann's für Hitze kaum aushalten. Wer zunächst im Kreise steht. Satans Rede pp. Präsentationen. Beleihungen.

Mitternacht. Versinken der Erscheinung. Vulkan. Unordentliches Auseinanderströmen. Brechen und Stürmen.

49

Leuchtende Finger des Mephistopheles.

50

Siehst du, er kommt den Berg hinauf,
Von weitem steht des Volkes Hauf;
Es segnen staunend sich die Frommen,
Gewiss, er wird als Sieger kommen.

51

Gipfel. Nacht.

Feuerkoloss. Nächste Umgebung.

Massen. Gruppen. Rede.

52

Satan: Die Böcke zur Rechten,
Die Ziegen zur Linken!
Die Ziegen, sie riechen, [Am Rande:] winken
Die Böcke, sie stinken [Am Rande:] fechten
Und wenn auch die Böcke
Noch stinkiger wären,
So kann doch die Ziege
Des Bocks nicht entbehren.

Chor: Aufs Angesicht nieder!
Verehret den Herrn:
Er lehret die Völker
Und lehret sie gern.
Vernehmet die Worte:
Er zeigt euch die Spur
Des ewigen Lebens
Der tiefsten Natur.

Satan rechts gewendet: Euch gibt es zwei Dinge
So herrlich und groß:
Das glänzende Gold
Und der weibliche Schoß.
Das eine verschaffet,
Das andre verschlingt;
Drum glücklich, wer beide
Zusammen erringt!

Eine Stimme: Was sagte der Herr denn? –
Entfernt von dem Orte,
Vernahm ich nicht deutlich
Die köstlichen Worte.
Mir bleibet noch dunkel
Die herrliche Spur,
Nicht seh ich das Leben
Der tiefen Natur.

Satan links gewendet: Für euch sind zwei Dinge
Von köstlichem Glanz:
Das leuchtende Gold
Und ein glänzender Schwanz.
Drum wisst euch, ihr Weiber,
Am Gold zu ergetzen
Und mehr als das Gold
Noch die Schwänze zu schätzen!

Chor: Aufs Angesicht nieder
Am heiligen Ort!
O glücklich, wer nah steht
Und höret das Wort!

Eine Stimme: Ich stehe von ferne
Und stutze die Ohren;
Doch hab ich schon manches
Der Worte verloren.
Wer sagt mir es deutlich,
Wer zeigt mir die Spur
Des ewigen Lebens
Der tiefsten Natur?

Mephistopheles zu einem jungen Mädchen: Was weinst du,
art'ger, kleiner Schatz?
Die Tränen sind hier nicht am Platz.
Du wirst in dem Gedräng wohl gar zu arg gestoßen?

Mädchen: Ach nein! Der Herr dort spricht so gar kurios,
Von Gold und Schwanz, von Gold und Schoß,
Und alles freut sich, wie es scheint!
Doch das verstehn wohl nur die Großen?

Mephistopheles: Nein, liebes Kind, nur nicht geweint!
Denn willst du wissen, was der Teufel meint,
So greife nur dem Nachbar in die Hosen!

Satan gradaus: Ihr Mägdlein, ihr stehet
Hier grad in der Mitten;
Ich seh, ihr kommt alle
Auf Besen geritten.
Seid reinlich bei Tage
Und säuisch bei Nacht,
So habt ihr's auf Erden
Am weitsten gebracht.

Präsentationen

53

Einzelne Audienzen.

Zeremonienmeister:
X: und kann ich, wie ich bat,
Mich unumschränkt in diesem Reiche schauen,
So küss ich, bin ich gleich von Haus und Demokrat,
Dir doch, Tyrann, voll Dankbarkeit die Klauen.

Zeremonienmeister: Die Klauen! das ist für einmal!
Du wirst dich weiter noch entschließen müssen.

X: Was fordert denn das Ritual?

Zeremonienmeister: Beliebt dem Herrn, den hintern Teil zu küssen!

X: Darüber bin ich unverworrn,
Ich küsse hinten oder vorn.
Scheint oben deine Nase doch
Durch alle Welten vorzudringen,
So seh ich unten hier ein Loch,
Das Universum zu verschlingen.
Was durftet aus dem kolossalen Mund!
So wohl kann's nicht im Paradiese riechen,
Und dieser wohlgebaute Schlund
Erregt den Wunsch hineinzukriechen. –
Was soll ich mehr?

Satan: Vasall, du bist erprobt!
Hierdurch beleih ich dich mit Millionen Seelen,
Und wer des Teufels Arsch so gut wie du gelobt,
Dem soll es nie an Schmeichelphrasen fehlen.

54

Ein Mensch, der von sich spricht und schreibt,
Wie einst ein Biograph von ihm geschrieben hätte.

55

er heißt sogar der Große,
Und doch ist ein Gedicht nur unvernünft'gere Prose.

56

[Klopstock:] Ich wäre nicht so arm an Witz,
Wär ich nur nicht so arm an Reimen.

57

[Mephistopheles:] der liebe Sänger
Von Hameln, auch mein alter Freund,
Der vielbeliebte Rattenfänger.
Wie geht's?

Rattenfänger von Hameln: Recht wohl, mein Herr! zu dienen.
Ich bin ein wohlgenährter Mann,
Patron von zwölf Philanthropinen,
Daneben
Schreibe eine Kinderbibliothek
Wegen papierner Flügel bekannt,
Sieht euch auch hier ein jeder an,
Ein paar Löcher sind hinein gebrannt:
Das haben die verfluchten Xenien getan.

Musaget: Ich folge
Als Musen anzuführen.

58

Ihr Leben ist ein bloßer Zeitvertreib:
Zwei lange Beine, keinen Leib.
Sie kiken [?]
den Unfug, den sie jüngst in Deutschland angerichtet

59

selbst die allerkürz'ten. Flügel
Sind doch ein herrliches Organ.

60

Vier Beine lieb ich mir zu sichrem Stand und Lauf:
Er klettert stets und kommt doch nicht hinauf.

61

Nur Hunger schärft den Geist der subalternen Wesen;
Ein sattes Tier ist grässlich dumm.
Und mein Verdienst, worauf ich stolz bin,
Ich schlepp es nicht am Hintern hintennach.

62

Ein Tritt von seinem Fuße
Aufs Haupt ist meine Krone.

63

Musik nur her, und wär's ein Dudelsack!
Wir haben wie manche edle Gesellen
Viel Appetit und wenig Geschmack.

64

[Mephistopheles:] Was an dem Lumpenpack
mich noch am meisten freut,
Ist, dass es wechselweis von Herzen sich verachtet.
Abstieg vom Brocken

65

[Hexenchor:] Und wie wir nun nach Hause ziehn,
Die Saat ist gelb, die Stoppeln grün;
Zum Schlusse nimmt's kein Mensch genau:
Es speit die Hexe, es scheißt die Sau.

66

Faust: Schöpfung des Menschen durch die ewige Weisheit,
– der Hexen zufällig wie Python.

67

Mephistopheles: Dem Ruß, den Hexen zu entgehen,
Muss unser Wimpel südwärts wehen;
Doch dort bequeme dich zu wohnen
Bei Pfaffen und bei Skorpionen!

Faust: Verändrung ist schon alles.
Krankheit das Mittel, ein Schock, damit die Natur
nicht unterliege.

Mephistopheles: Will einige Nachtmahre zaumen und
Fausten eine Falle legen; gelingt's, so holt er ihn.

Faust allein.
Schmeichelgesänge.

Faust: Wer ist in der Nähe, dem das gelten kann?

Fortgesetzte Schmeichelgesänge.

Mephistopheles: Deutet sie auf Faust.
Fausts Unwille.

Mephistopheles: Keck, verrät sich.

Faust: Er soll's woanders anwenden.

Mephistopheles: Pferde. Sie reiten. Schnelligkeit. Falsche Richtung.

Zug nach Osten.

69

Hochgerichtserscheinung.

[*Chor:*] Wo fließet heißes Menschenblut,
Der Dunst ist allem Zauber gut;
Die grau' und schwarze Brüderschaft,
Sie schöpft zu neuen Werken Kraft.
Was deutet auf Blut, ist uns genehm,
Was Blut vergießt, ist uns bequem.
Um Glut und Blut umkreist den Reihn!
In Glut soll Blut vergossen sein.
Die Dirne winkt, es ist schon gut.
Der Säufer trinkt, es deutet auf Blut.
Der Blick, der Trank, er feuert an,
Der Dolch ist blank, es ist getan.
Ein Blutquell rieselt nie allein.
Es laufen andre Bächlein drein,
Sie wälzen sich von Ort zu Ort.
Es reißt der Strom die Ströme fort.

Gedräng.

Sie ersteigen einen Baum.

G[esang?]. Reden des Volks.

Auf glühendem Boden nackt das Idol. Die Hände auf dem Rücken. Bedeckt nicht das Gesicht und nicht die Scham. Gesang. Der Kopf fällt ab. Das Blut springt und löscht das Feuer. Nacht. Rauschen.

Geschwätz von Kielkröpfen. Dadurch Faust erfährt

Faust, Mephistopheles

Goethe: *Paralipomena* zum I. Teil, zit. nach der Faust-Ausgabe in Berlin (Ost) 1983, S. 448-457.

Walpurgisnacht

Harzgebirg. Gegend von Schierke und Elend.

Faust. Mephistopheles.

Mephistopheles:
Verlangst du nicht nach einem Besenstiele?
Ich wünschte mir den allerderbsten Bock.
Auf diesem Weg sind wir noch weit vom Ziele.

Faust:
So lang' ich mich noch frisch auf meinen Beinen fühle,
Genügt mir dieser Knotenstock.
Was hilft's, dass man den Weg verkürzt! –
Im Labyrinth der Täler hinzuschleichen,
Dann diesen Felsen zu ersteigen,
Von dem der Quell sich ewig sprudelnd stürzt,
Das ist die Lust, die solche Pfade würzt!
Der Frühling webt schon in den Birken,
Und selbst die Fichte fühlt ihn schon;
Sollt' er nicht auch auf unsre Glieder wirken?

Mephistopheles:
Fürwahr, ich spüre nichts davon!
Mir ist es winterlich im Leibe;
Ich wünschte Schnee und Frost auf meiner Bahn.
Wie traurig steigt die unvollkommne Scheibe
Des roten Monds mit später Glut heran,
Und leuchtet schlecht, dass man bei jedem Schritte
Vor einem Baum, vor einen Felsen rennt!
Erlaub', dass ich ein Irrlicht bitte!

Dort seh' ich eins, das eben lustig brennt.
He da! mein Freund! Darf ich dich zu uns fodern?
Was willst du so vergebens lodern?
Sei doch so gut und leucht' uns da hinauf!

Irrlicht:
Aus Ehrfurcht, hoff' ich, soll es mir gelingen,
Mein leichtes Naturell zu zwingen;
Nur zickzack geht gewöhnlich unser Lauf.

Mephistopheles:
Ei! Ei! Er denkt's den Menschen nachzuahmen.
Geh' Er nur grad', in's Teufels Namen!
Sonst blas' ich ihm sein Flackerleben aus.

Irrlicht:
Ich merke wohl, ihr seid der Herr vom Haus,
Und will mich gern nach euch bequemen.
Allein bedenkt! der Berg ist heute zaubertoll,
Und wenn ein Irrlicht euch die Wege weisen soll,
So müsst ihr's so genau nicht nehmen.

Faust, Mephistopheles, Irrlicht im Wechselgesang.

[Faust:]
In die Traum- und Zaubersphäre
Sind wir, scheint es, eingegangen.

[Faust, Mephistopheles:]
Führ' uns gut und mach' dir Ehre,
Dass wir vorwärts bald gelangen
In den weiten, öden Räumen!

[Irrlicht:]
Seh' die Bäume hinter Bäumen,
Wie sie schnell vorüberrücken,
Und die Klippen, die sich bücken,
Und die langen Felsennasen,
Wie sie schnarchen, wie sie blasen!

[Faust.:]
Durch die Steine, durch den Rasen
Eilet Bach und Bächlein nieder.
Hör' ich Rauschen? hör' ich Lieder?
Hör' ich holde Liebesklage,
Stimmen jener Himmelstage?

Was wir hoffen, was wir lieben!
Und das Echo, wie die Sage
Alter Zeiten, hallet wider.

[Irrlicht:]
Uhu! Schuhu! tönt es näher,
Kauz und Kiebitz und der Häher,
Sind sie alle wach geblieben?

[Faust:]
Sind das Molche durchs Gesträuche?
Lange Beine, dicke Bäuche!
Und die Wurzeln, wie die Schlangen,
Winden sich aus Fels und Sande,
Strecken wunderlich die Bande,
Uns zu schrecken, uns zu fragen;

[Mephistopheles:]
Aus belebten derben Masern
Strecken sie Polypenfasern
Nach dem Wandrer. Und die Mäuse
Tausendfärbig, scharenweise,
Durch das Moos und durch die Heide!
Und die Funkenwürmer fliegen
Mit gedrängten Schwärmezügen
Zum verwirrenden Geleite.

[Faust:]
Aber sag' mir, ob wir stehen,
Oder ob wir weitergehen?

[Faust, Mephistopheles:]
Alles, alles scheint zu drehen,
Fels und Bäume, die Gesichter
Schneiden, und die irren Lichter,
Die sich mehren, die sich blähen.

Mephistopheles:
Fasse wacker meinen Zipfel!
Hier ist so ein Mittelgipfel,
Wo man mit Erstaunen sieht,
Wie im Berg der Mammon glüht.

Faust:
Wie seltsam glimmert durch die Gründe
Ein morgenrötlich trüber Schein!

Und selbst bis in die tiefen Schlünde
Des Abgrunds wittert er hinein.
Da steigt ein Dampf, dort ziehen Schwaden,
Hier leuchtet Glut aus Dunst und Flor,
Dann schleicht sie wie ein zarter Faden,
Dann bricht sie wie ein Quell hervor.
Hier schlingt sie eine ganze Strecke
Mit hundert Adern sich durchs Tal,
Und hier in der gedrängten Ecke
Vereinzelt sie sich auf einmal.
Da sprühen Funken in der Nähe,
Wie ausgestreuter goldner Sand.
Doch schau! in ihrer ganzen Höhe
Entzündet sich die Felsenwand.

Mephistopheles:
Erleuchtet nicht zu diesem Feste
Herr Mammon prächtig den Palast?
Ein Glück, dass du's gesehen hast;
Ich spüre schon die ungestümen Gäste.

Faust:
Wie rast die Windsbraut durch die Luft!
Mit welchen Schlägen trifft sie meinen Nacken!

Mephistopheles:
Du musst des Felsen alte Rippen packen,
Sonst stürzt sie dich hinab in dieser Schlünde Gruft.
Ein Nebel verdichtet die Nacht.
Höre, wie's durch die Wälder kracht!
Aufgescheucht fliegen die Eulen.
Hör', es splittern die Säulen
Ewig grüner Paläste.
Girren und Brechen der Äste!
Der Stämme mächtiges Dröhnen!
Der Wurzeln Knarren und Gähnen!
Im fürchterlich verworrenen Falle
Übereinander krachen sie alle
Und durch die übertrümmerten Klüfte
Zischen und heulen die Lüfte.
Hörst du Stimmen in der Höhe?
In der Ferne, in der Nähe?

Ja, den ganzen Berg entlang
Strömt ein wütender Zaubergesang!

Hexen im Chor:

Die Hexen zu dem Brocken ziehn,
Die Stoppel ist gelb, die Saat ist grün.
Dort sammelt sich der große Hauf,
Herr Urian sitzt oben auf.
So geht es über Stein und Stock,
Es furzt die Hexe, es stinkt der Bock.

Stimme:

Die alte Baubo kommt allein,
Sie reitet auf einem Mutterschwein.

Chor:

So Ehre denn, wem Ehre gebührt!
Frau Baubo vor! und angeführt!
Ein tüchtig Schwein und Mutter drauf,
Da folgt der ganze Hexenhauf.

Hexen, Chor:

Der Weg ist breit, der Weg ist lang,
Was ist das für ein toller Drang?
Die Gabel sticht, der Besen kratzt,
Das Kind erstickt, die Mutter platzt.

Hexenmeister, halber Chor:

Wir schleichen wie die Schneck' im Haus,
Die Weiber alle sind voraus.
Denn, geht es zu des Bösen Haus,
Das Weib hat tausend Schritt voraus.

Andre Hälfte:

Wir nehmen das nicht so genau,
Mit tausend Schritten macht's die Frau;
Doch, wie sie auch sich eilen kann,
Mit einem Sprunge macht's der Mann.

Beide Chöre:

Es trägt der Besen, trägt der Stock,
Die Gabel trägt, es trägt der Bock;
Wer heute sich nicht heben kann,
Ist ewig ein verlorner Mann.

Chor der Hexen:
Die Salbe gibt den Hexen Mut,
Ein Lumpen ist zum Segel gut,
Ein gutes Schiff ist jeder Trog;
Der flieget nie, der heut nicht flog.

Mephistopheles:
Das drängt und stößt, das rutscht und klappert!
Das zischt und quirlt, das zieht und plappert!
Das leuchtet, sprüht und stinkt und brennt!
Ein wahres Hexenelement!
Nur fest an mir! sonst sind wir gleich getrennt.
Wo bist du?

Faust in der Ferne:
Hier!

Mephistopheles:
Was! dort schon hingerissen?
Da werd' ich Hausrecht brauchen müssen.
Platz! Junker Voland kommt. Platz! süßer Pöbel, Platz!
Hier, Doktor, fasse mich! und nun, in einem Satz,
Lass uns aus dem Gedräng' entweichen;
Es ist zu toll, sogar für meinesgleichen.
Dort neben leuchtet was mit ganz besondrem Schein,
Es zieht mich was nach jenen Sträuchen.
Komm, komm! wir schlupfen da hinein.

Faust:
Doch droben möcht' ich lieber sein!
Schon seh' ich Glut und Wirbelrauch.
Dort strömt die Menge zu dem Bösen;
Da muss sich manches Rätsel lösen.

Mephistopheles:
Der ganze Strudel strebt nach oben;
Du glaubst zu schieben und du wirst geschoben.

Trödelhexe:
Ihr Herren, geht nicht so vorbei!
Lasst die Gelegenheit nicht fahren!
Aufmerksam blickt nach meinen Waren,
Es steht dahier gar mancherlei.

Und doch ist nichts in meinem Laden,
Dem keiner auf der Erde gleicht,
Das nicht einmal zum tücht'gen Schaden
Der Menschen und der Welt gereicht.
Kein Dolch ist hier, von dem nicht Blut geflossen,
Kein Kelch, aus dem sich nicht, in ganz gesunden Leib,
Verzehrend heißes Gift ergossen,
Kein Schmuck, der nicht ein liebenswürdig Weib
Verführt, kein Schwert, das nicht den Bund gebrochen,
Nicht etwa hinterrücks den Gegenmann durchstochen.

Mephistopheles:

Frau Muhme! Sie versteht mir schlecht die Zeiten.
Getan geschehen! Geschehen getan!
Verleg' Sie sich auf Neuigkeiten!
Nur Neuigkeiten ziehn uns an.

Faust:

Willst du dich nun, um uns hier einzuführen,
Als Zaubrer oder Teufel produzieren?
Gipfel.

[Stimme im Strudel:]

Siehst du, er kommt den Berg hinauf!
Von weitem steht des Volkes Hauf.

[Alle:]

Es segnen staunend sich die Frommen.
Gewiss, er wird als Sieger kommen!

Trompetenstöße. Blitze, Donner von oben.
Feuersäulen. Rauch, Qualm.
Fels, der daraus hervorragt. Ist der Satan.
Großes Volk umher.

[Kniender:]

… und kann ich, wie ich bat,
Mich unumschränkt in diesem Reiche schauen,
So küss' ich, bin ich gleich von Haus aus Demokrat,
Dir doch, Tyrann, voll Dankbarkeit die Klauen.

[Mephistopho als] *Zeremonienmeister:*

Die Klauen! das ist für einmal!
Du wirst dich weiter noch entschließen müssen.

[Kniender:]
Was fordert denn das Ritual?

Zeremonienmeister:
Beliebt dem Herrn, den hintern Teil zu küssen!

[Kniender:]
Darüber bin ich unverworr'n,
Ich küsse hinten oder vorn.

[Satan wendet sich.]

Scheint oben deine Nase doch
Durch alle Welten vorzudringen,
So seh' ich unten hier ein Loch,
Das Universum zu verschlingen.
Was duftet aus dem kolossalen Mund
So wohl kann's nicht im Paradiese riechen,
Und dieser wohlgebaute Schlund
Erregt den Wunsch hineinzukriechen.

[Atemlose Stille. Dann frenetischer Aufschrei der Menge.]

Was soll ich mehr!

Satan [richtet sich auf, wendet sich um]:
Vasall, du bist erprobt!
Hierdurch beleih' ich dich mit Millionen Seelen!
Und wer des Teufels Arsch so gut wie du gelobt,
Dem soll es nie an Schmeichelphrasen fehlen.

Gipfel Nacht

Massen, Gruppen

[Der Satan auf dem Thron]

Satan:
Die Böcke zur Rechten,
Die Ziegen zur Linken!
Die Ziegen sie riechen,
Die Böcke, sie stinken.
Und wenn auch die Böcke
Noch stinkiger wären,
So kann doch die Ziege
Des Bocks nicht entbehren.

Chor:

Aufs Angesicht nieder!
Verehret den Herrn!
Er lehret die Völker
Und lehret sie gern.
Vernehmet die Worte:
Er zeigt euch die Spur
Des ewigen Lebens
Der tiefsten Natur.

Satan rechts gewendet:

Euch gibt es zwei Dinge,
So herrlich und groß:
Das glänzende Gold
Und der weibliche Schoß.
Das eine verschaffet,
Das andre verschlingt –
Drum glücklich, wer beide
Zusammen erringt!

Eine Stimme:

Was sagte der Herr denn? –
Entfernt von dem Orte,
Vernahm ich nicht deutlich
Die köstlichen Worte.
Mir bleibet noch dunkel
Die herrliche Spur,
Nicht seh' ich das Leben
Der tiefen Natur.

Satan links gewendet:

Für euch sind zwei Dinge
Von köstlichem Glanz:
Das leuchtende Gold
Und ein glänzender Schwanz –
Drum wisst euch, ihr Weiber,
Am Gold zu ergötzen
Und mehr als das Gold
Noch die Schwänze zu schätzen!

Chor:

Aufs Angesicht nieder
Am heiligen Ort!

O glücklich, wer nah steht
Und höret das Wort!

Eine Stimme:

Ich stehe von ferne
Und stutze die Ohren.
Doch hab' ich schon manches
Der Worte verloren.
Wer sagt es mir deutlich?
Wer zeigt mir die Spur
Des ewigen Lebens,
Der tiefsten Natur?

Mephistopheles zu einem jungen Mädchen [halblaut]:

Was weinst du, art'ger kleiner Schatz?
Die Tränen sind hier nicht am Platz.
Du wirst in dem Gedräng wohl gar zu arg gestoßen?

Mädchen:

Ach nein! der Herr dort spricht so gar kurios
Von Gold und Schwanz, von Gold und Schoß,
Und alles freut sich, wie es scheint.
Doch das versteh'n wohl nur die Großen?

Mephistopheles:

Nein, liebes Kind, nur nicht geweint!
Denn willst du wissen, was der Teufel meint,
So greife nur dem Nachbar in die Hosen!

Satan gradaus:

Ihr Mägdlein, ihr stehet
Hier grad' in der Mitten.
Ich seh', ihr kommt alle
Auf Besen geritten.
Seid reinlich bei Tage
Und säuisch bei Nacht!
So habt ihr's auf Erden
Am weit'sten gebracht.

[Orgiastisches Getümmel. Die Menge formiert sich zum Ringtanz, der übergeht in die Sexualorgie.]

Faust:

Dass ich mich nur nicht selbst vergesse!
Heiß' ich mir das doch eine Messe!

Mephistopheles:
Komm her! wir setzen uns zu Tisch,
Wen möchte solche Narrheit rühren!
Die Welt geht auseinander wie ein fauler Fisch,
Wir wollen sie nicht balsamieren!
Da seh' ich junge Hexchen nackt und bloß,
Und alte, die sich klug verhüllen.
Seid freundlich, nur um meinetwillen;
Die Müh' ist klein, der Spaß ist groß.
Es ist doch lange hergebracht,
Dass in der großen Welt man kleine Welten macht.
Komm nur! von Feuer gehen wir zu Feuer,
Ich bin der Werber, und du bist der Freier.

Faust:
Wer ist denn das?

Mephistopheles:
Betrachte sie genau!
Lilith ist das.

Faust:
Wer?

Mephistopheles:
Adams erste Frau.
Nimm dich in acht vor ihren schönen Haaren,
Vor diesem Schmuck, mit dem sic einzig prangt.
Wenn sie damit den jungen Mann erlangt,
So lässt sie ihn so bald nicht wieder fahren.

Faust:
Da sitzen zwei, die Alte mit der Jungen;
Die haben schon was Rechts gesprungen!

Mephistopheles:
Das hat nun heute keine Ruh.
Es geht zum neuen Tanz; nun komm! wir greifen zu.

Faust mit der Jungen tanzend:
Einst hatt' ich einen schönen Traum:
Da sah ich einen Apfelbaum,
Zwei schöne Äpfel glänzten dran,
Sie reizten mich, ich stieg hinan.

Die Schöne:
Der Äpfelchen begehrt ihr sehr,
Und schon vom Paradiese her.
Von Freuden fühl' ich mich bewegt,
Dass auch mein Garten solche trägt.

Mephistopheles mit der Alten:
Einst hatt' ich einen wüsten Traum:
Da sah ich einen gespaltnen Baum
Der hatt' ein ungeheures Loch;
So groß es war, gefiel mir's doch.

Die Alte:
Ich biete meinen besten Gruß
Dem Ritter mit dem Pferdefuß!
Halt' Er einen rechten Pfropf bereit,
Wenn Er das große Loch nicht scheut.

[Summender Singsang der Schönen, ihr lasziver Tanz mit Faust nähert sich dem Geschlechtsakt – da macht er sich frei.]

Mephistopheles zu Faust, der aus dem Tanz getreten ist:
Was lässest du das schöne Mädchen fahren,
Das dir zum Tanz so lieblich sang?

Faust:
Ach! mitten im Gesange sprang
Ein rotes Mäuschen ihr aus dem Munde.

Mephistopheles:
Das ist was Rechts! das nimmt man nicht genau;
Genug, die Maus war doch nicht grau.
Wer fragt danach in einer Schäferstunde?

Faust:
Dann sah ich –

[In der Ferne wird die Erscheinung Gretchens erkennbar.]
Nackt. Die Hände auf dem Rücken.
Bedeckt nicht das Gesicht und nicht die Scham.

Mephistopheles:
Was?

Faust:
Mephisto, siehst du dort
Ein blasses, schönes Kind allein und ferne stehen?
Sie schiebt sich langsam nur vom Ort,

Sie scheint mit geschlossnen Füßen zu gehen.
Ich muss bekennen, dass mir deucht,
Dass sie dem guten Gretchen gleicht.

Mephistopheles:
Lass das nur stehn! dabei wird's niemand wohl.
Es ist ein Zauberbild, ist leblos, ein Idol.
Ihm zu begegnen, ist nicht gut;
Vom starren Blick erstarrt des Menschen Blut,
Und er wird fast in Stein verkehrt,
Von der Meduse hast du ja gehört.

Faust:
Fürwahr, es sind die Augen einer Toten,
Die eine liebende Hand nicht schloss.
Das ist die Brust, die Gretchen mir geboten,
Das ist der süße Leib, den ich genoss.

Mephistopheles:
Das ist die Zauberei, du leicht verführter Tor!
Denn jedem kommt sie wie ein Liebchen vor.

Faust:
Welch eine Wonne! welch ein Leiden!
Ich kann von diesem Blick nicht scheiden.
Wie sonderbar muss diesen schönen Hals
Ein einzig rotes Schnürchen schmücken,
Nicht breiter als ein Messerrücken!

Hochgerichtserscheinung.

[Im Hintergrund die Richter, Henker, Henkersknechte. Gruppe von Franziskanern in grauem Habit und Dominikanern mit schwarzen Kutten und Kapuzen. Gretchen nähert sich ihnen. Volksmenge. Hexenschwärme umziehen den Richtblock.]

Faust:
Was weben die dort um den Rabenstein?
Mephistopheles:
Weiß nicht, was sie kochen und schaffen.

Faust:
Schweben auf, schweben ab, neigen sich, beugen sich.

Mephistopheles:
Eine Hexenzunft.

Faust:
Sie streuen und weihen.

Gedräng. Reden des Volkes.

[Gretchen kniet vor dem Richtblock.]

Gesang [der Volksmenge, gedämpft].

[,Media vita
In morte sumus:
Quem quaerimus adiutorem
Nisi te, domine,
Qui pro peccatis nostris
Iuste irasceris.
Sancte Deus,
Sancte fortis,
Sancte et misericors salvator:
Amarae morti ne tradas nos.']

[Sprechchor der Franziskaner- und Dominikaner-Inquisitoren]:

Wo fließet heißes Menschenblut,
Der Dunst ist allem Zauber gut.
Die grau' und schwarze Brüderschaft,
Sie schöpft zu neuen Werken Kraft!
Was deutet auf Blut, ist uns bequem.
Um Glut und Blut umkreist den Reihn,
In Glut soll Blut vergossen sein!

Der Kopf fällt ab.

Das Blut springt und löscht das Feuer.

Ein Blutquell rieselt nie allein,
Es laufen andre Bächlein drein,
Sie wälzen sich von Ort zu Ort,
Es reißt der Strom die Ströme fort!

Mitternacht.

Versinken der Erscheinung.

Unordentliches Auseinanderströmen

Brechen und Stürmen.

[Morgendämmerung. Es folgt die Szene ,Trüber Tag. Feld.']

Rekonstruktionsversuch der ursprünglich geplanten Szene durch Albrecht Schöne: *Götterzeichen, Liebeszauber, Satanskult.* München 1982, S. 217-230.

17. DER SÜNDENFALL

Der Fall des Menschen: 3, 1-24. Die Schlange war schlauer als alle Tiere des
Feldes, die Gott, der Herr, gemacht hatte. Sie sagte zu der Frau: Hat Gott
wirklich gesagt: Ihr dürft von keinem Baum des Gartens essen? [2] Die Frau
entgegnete der Schlange: Von den Früchten der Bäume im Garten dürfen wir
essen; [3] nur von den Früchten desBaumes, der in der Mitte des Gartens steht, hat
Gott gesagt: Davon dürft ihr nicht essen, und daran dürft ihr nicht rühren, sonst
werdet ihr sterben.

[4] Darauf sagte die Schlange zur Frau: Nein, ihr werdet nicht sterben. [5] Gott weiß
vielmehr: Sobald ihr davon esst, gehen euch die Augen auf; ihr werdet wie Gott
und erkennt Gut und Böse. [6] Da sah die Frau, dass es köstlich wäre, von dem
Baum zu essen, dass der Baum eine Augenweide war und dazu verlockte, klug
zu werden. Sie nahm von seinen Früchten und aß; sie gab auch ihrem Mann, der
bei ihr war und auch er aß.

[7] Da gingen beiden die Augen auf und sie erkannten, dass sie nackt waren. Sie
hefteten Feigenblätter zusammen und machten sich einen Schurz.[8] Als sie Gott,
den Herrn, im Garten gegen den Tagwind einherschreiten hörten, versteckten
sich Adam und seine Frau vor Gott, dem Herrn, unter den Bäumen des Gar-
tens. [9] Gott, der Herr, rief Adam zu und sprach: Wo bist du?[10] Er antwortete: Ich
habe dich im Garten kommen hören; da geriet ich in Furcht, weil ich nackt bin,
und versteckte mich. [11] Darauf fragte er: Wer hat dir gesagt, dass du nackt bist?
Hast du von dem Baum gegessen, von dem zu essen ich dir verboten
habe? [12] Adam antwortete: Die Frau, die du mir beigesellt hast, sie hat mir von
dem Baum gegeben, und so habe ich gegessen.[13] Gott, der Herr, sprach zu der
Frau: Was hast du getan? Die Frau antwortete: Die Schlange hat mich verführt,
und so habe ich gegessen.

> [14] Da sprach Gott, der Herr, zur Schlange:
> Weil du das getan hast, bist du verflucht
> unter allem Vieh und allen Tieren des Feldes.
> Auf dem Bauch sollst du kriechen
> und Staub fressen alle Tage deines Lebens.
> [15] Feindschaft setze ich zwischen dich und die Frau,
> zwischen deinen Nachwuchs und ihren Nachwuchs.
> Er trifft dich am Kopf,
> und du triffst ihn an der Ferse.
> [16] Zur Frau sprach er:
> Viel Mühsal bereite ich dir, sooft du schwanger wirst.

Unter Schmerzen gebierst du Kinder.
Du hast Verlangen nach deinem Mann;
er aber wird über dich herrschen.

[17] Zu Adam sprach er: Weil du auf deine Frau gehört und von dem Baum
gegessen hat, von dem zu essen ich dir verboten hatte:

So ist verflucht der Ackerboden deinetwegen.
Unter Mühsal wirst du von ihm essen
alle Tage deines Lebens.
[18] Dornen und Disteln lässt er dir wachsen,
und die Pflanzen des Feldes musst du essen.
[19] Im Schweiße deines Angesichts
sollst du dein Brot essen,
bis du zurückkehrst zum Ackerboden;
von ihm bist du ja genommen.
Denn Staub bist du, zum Staub musst du zurück.

[20] Adam nannte seine Frau Eva (Leben), denn sie wurde die Mutter aller Leben-
digen. [21] Gott, der Herr, machte Adam und seiner Frau Röcke aus Fellen und
bekleidete sie damit. [22] Dann sprach Gott, der Herr: Seht, der Mensch ist ge-
worden wie wir; er erkennt Gut und Böse. Dass er jetzt nicht die Hand aus-
streckt, auch vom Baum des Lebens nimmt, davon isst und ewig lebt! [23] Gott, der
Herr, schickte ihn aus dem Garten von Eden weg, damit er Ackerboden bestell-
te, von dem er genommen war. [24] Er vertrieb den Menschen und stellte östlich
des Gartens von Eden die Kerubim auf und das lodernde Flammenschwert,
damit sie den Weg zum Baum des Lebens bewachten.

Genesis 3, 1-24

Der Mythos vom Sündenfall steht im Bezug zur Rede des Mephistopheles, der in ‚Faust I', Verse 2050f. dem Schüler nachruft:

Folg' nur dem alten Spruch und meiner Muhme der Schlange,
Die wird gewiss einmal bei deiner Gottähnlichkeit bange!

Der folgende Text des griechischen Philosophen Parmenides (etwa 540-470 vor Christus) ist als Kontrast gedacht gegen die Selbstcharakterisierung des Teufels (Vers 1338 ff.) und Fausts Bemerkung, er sei des „Chaos wunderlicher Sohn" (Vers 1384).

18. PARMENIDES: LEHRGEDICHT

1. Die Rosse, die mich dahintragen, zogen *mich* fürder, soweit nur die Lust *mich* ankam, als mich auf den Weg, den vielberühmten, die Dämonen (die Göttinnen) führend gebracht, der über alle Wohnstätten hin trägt den wissenden Mann. Auf dem wurde ich dahingetragen; auf dem nämlich trugen mich die vielverständigen Rosse, den Wagen ziehend und die Mädchen wiesen den Weg. Die Achse in den Naben entsandte der Pfeife Ton, sich glühend erhitzend (denn von doppelten gewirbelten Kreisen wurde sie beiderseits getrieben), so oft sich zum Geleit beeilten die Heliadenmädchen, die das Haus der Nacht *vorher* verließen, lichtwärts, wobei sie vom Haupte mit den Händen die Hüllen zurückstießen. – Dort *(am Hause der Nacht)* ist das Tor der Bahnen von Nacht und Tag, und Türsturz und steinerne Schwelle umfasst es (hält es auseinander); das Tor selbst, das ätherische, hat eine Füllung von großen Türflügeln; davon verwaltet Dike, die vielstrafende, die wechselnden Schlüssel. Ihr nun sprachen die Mädchen zu mit weichen Worten und beredeten sie kundig, dass sie ihnen den verpflöckten Riegel geschwind vom Tore wegstieße. Da öffnete dieses weit den Schlund der Türfüllung, auffliegend, wobei es die reich mit Erz beschlagenen Pfosten, die mit Zapfen und Dornen eingefügten, in ihren Pfannen wechselweis drehte. Da nun mitten durchs Tor lenkten die Mädchen stracks dem Geleise nach Wagen und Rosse. – Und es nahm mich die Göttin huldreich auf, ergriff meine rechte Hand mit der ihren, und so sprach sie das Wort und redete mich an: „Jüngling, der du unsterblichen Wagenlenkern gesellt mit den Rossen, die dich dahintragen, zu unserem Hause gelangst, Freude dir! Denn keinerlei schlechte Fügung entsandte dich, diesen Weg zu kommen (denn fürwahr außerhalb von der Menschen Pfade ist er), sondern Gesetz und Recht. Nun sollst du alles erfahren, sowohl der wohlgerundeten Wahrheit unerschütterlich Herz wie auch der Sterblichen Schein-Meinungen, denen nicht innewohnt wahre Gewissheit. Doch wirst du trotzdem auch dieses kennen lernen, und zwar so, wie das *ihnen* Scheinende auf eine probehafte, wahrscheinliche Weise *sein* müsste, indem es alles ganz und gar durchdringt."

2. Wohlan, so will ich denn sagen (nimm du dich aber des Wortes an, das du hörtest), welche Wege der Forschung allein zu denken sind: der eine Weg, dass IST *ist* und dass Nichtsein nicht ist, das ist die Bahn der Überzeugung (denn diese folgt der Wahrheit), der andere aber, das *NICHT IST ist* und dass Nichtsein erforderlich ist, dieser Pfad ist, so künde ich dir, gänzlich unerkundbar: denn weder erkennen könntest du das Nichtseiende (das ist ja unausführbar) noch aussprechen;

3. denn dasselbe ist Denken und Sein.

4. Schaue jedoch mit dem Geist, wie durch den Geist das Abwesende anwesend ist mit Sicherheit; denn er wird das Seiende von seinem Zusammenhang mit dem Seienden nicht abtrennen weder als solches, das sich überall gänzlich zerstreue nach der Ordnung, noch als solches, das, sich *also* zusammenballe.

5. Ein Gemeinsam-Zusammenhängendes aber ist es mir, von wo ich auch den Anfang nehme; denn dorthin werde ich wieder zurückkommen.

6. Nötig ist, zu sagen und zu denken, dass *nur* das Seiende ist; denn Sein ist, ein Nichts dagegen ist nicht; das heiße ich dich wohl beherzigen. Denn das ist der erste Weg der Forschung, von dem ich dich fern halte. Aber dann auch von jenem, auf dem da nichts wissende Sterbliche einherschwanken, Doppelköpfe. Denn Ratlosigkeit steuert in ihrer Brust den hin und her schwankenden Sinn. Sie aber treiben dahin stumm zugleich und blind, die Verblödeten, unentschiedenen Haufen, denen das Sein und Nichtsein für dasselbe gilt und nicht für dasselbe und für die es bei allem eine gegenstrebige Bahn gibt.

7. /8. Denn es ist unmöglich, dass dies zwingend erwiesen wird: Es sei Nichtsseiendes; vielmehr halte du von diesem Wege der Forschung den Gedanken fern, und es soll dich nicht vielerfahrene Gewohnheit auf diesen Weg zwingen, walten zu lassen das blicklose Auge und das dröhnende Gehör und die Zunge, nein mit dem Denken bring zur Entscheidung die streitreiche Prüfung, die von mir genannt wurde. Aber nur noch Eine Weg-Kunde bleibt dann, das IST ist. Auf diesem sind gar viele Merkzeichen: weil ungeboren ist es auch unvergänglich, denn es ist ganz in seinem Bau und unerschütterlich sowie ohne Ziel und es war nie und wird nie sein, weil es im Jetzt zusammen vorhanden ist als Ganzes, Eines, Zusammenhängendes (Kontinuierliches). Denn was für einen Ursprung willst du für dieses ausfindig machen? Wie, woher sein Heranwachsen? Auch nicht *sein Heranwachsen* aus dem Nichtseienden werde ich dir gestatten auszusprechen und zu denken. Denn unaussprechbar und undenkbar ist, dass NICHT IST ist. Welche Verpflichtung hätte es denn auch antreiben sollen, später oder früher mit dem Nichts beginnend zu entstehen? So muss es also entweder ganz und gar sein oder überhaupt nicht. Auch wird ja die Kraft der Überzeugung niemals einräumen, aus Nichtseiendem könnte irgendetwas anderes als eben dieses hervorgehen. Um dessen Willen hat weder zum Werden noch zum Vergehen die Rechtsgottheit *das Sein* freigegeben, es in den Fesseln lockernd, sondern sie hält es fest. Die Entscheidung aber hierüber liegt in Folgendem: IST oder NICHT IST! Entschieden ist aber nun, wie notwendig, den einen Weg als undenkbar, unsagbar beiseite zu lassen (es ist ja nicht der wahre Weg), den anderen aber als vorhanden und wirklich-wahr zu betrachten. Wie könnte aber dann Seiendes zugrunde gehen, wie könnte es entstehen? Denn entstand es, so ist es nicht und ebenso wenig, wenn es *erst* in Zukunft einmal sein sollte. So ist Entstehen verlöscht und verschollen Vergehen.

Auch teilbar ist es nicht, weil es ganz gleichartig ist. Und es gibt nicht etwa *hier* oder da ein stärkeres Sein, das seinen Zusammenhang hindern könnte, noch ein geringeres; es ist vielmehr ganz von Seiendem erfüllt. Darum ist es ganz zusammenhängend; denn Seiendes stößt dicht an Seiendes.

Aber unbeweglich – unveränderlich liegt es in den Grenzen gewaltiger Bande ohne Ursprung, ohne Aufhören; denn Entstehen und Vergehen wurden weit in die Ferne verschlagen, es verstieße sie die wahre Überzeugung; und als dasselbe und in demselben verharrend ruht es für sich und so verharrt es standhaft an Ort und Stelle. Denn die machtvolle Notwendigkeit hält es in den Banden der Grenze, die es rings umzirkt, weil das Seiende nicht ohne Abschluss sein darf; denn es ist unbedürftig, fehlte ihm aber der, so würde es des „ganz" bedürfen(?).

Dasselbe ist Denken und der Gedanke, dass IST *ist;* denn nicht ohne das Seiende, in dem es als Ausgesprochenes ist, kannst du das Denken antreffen. Es ist ja nichts und wird nichts anderes sein außerhalb des Seienden, da es ja die Moira *daran* gebunden hat, ein Ganzes und unbeweglich zu sein. Darum wird alles *bloßer* Name sein, was die Sterblichen *in ihrer Sprache* festgesetzt haben, überzeugt, es sei wahr: Werden sowohl als Vergehen, Sein sowohl als Nichtsein, Verändern des Ortes und Wechseln der leuchtenden Farbe.

Aber da eine letzte Grenze vorhanden, so ist es vollendet von (und nach) allen Seiten, einer wohlgerundeten Kugel Masse vergleichbar, von der Mitte her überall gleichgewichtig. Es darf ja nicht da oder dort etwas größer oder etwas schwächer sein. Denn es ist weder Nichtseiendes, das es hindern könnte zum Gleichmäßigen zu gelangen, noch könnte Seiendes irgendwie hier mehr, dort weniger vorhanden sein als Seiendes, da es ganz unversehrt ist! Sich selbst nämlich ist es von allen Seiten her gleich, gleichmäßig begegnet es seinen Grenzen.

Damit beschließe ich für dich mein verlässliches Reden und Denken über die Wahrheit.

[...]

Walter Kranz (Hrsg.): *Die Fragmente der Vorsokratiker*. Griechisch und deutsch von Hermann Diels. Band 1, Berlin [6]1951, S. 228-240.

19. PARACELSUS: ÜBER MAGIE

Magica ist an ihr selbst die verborgenste Kunst und größte Weisheit übernatürlicher Dinge auf Erden. Und was menschlicher Vernunft zu erfahren und zu ergründen unmöglich ist, das kann durch diese Kunst der magica erfahren und ergründet werden. Denn sie ist eine große und verborgene Weisheit, während die Vernunft eine große öffentliche Torheit ist. Darum auch wäre es gut und hoch von nöten, dass die theologi auch etwas davon zu sagen wüssten, und auch erführen was magica wäre, und sie nicht so unbilligerweis, unergründet eine Zauberei nennen. Denn magica wäre ihnen, alldieweil sie ja der Schrift doctores und Meister sein wollen, wie sie sich selbst überreden, sehr dienlich. Wiewohl ich nicht meine, dass sie in magica laborieren oder sich derselben gebrauchen sollten, sondern dass sie darin eine gute Kenntnis hätten und ihren Effekt und Tugend wüssten – wegen der hohen großen Mysterien, die in der Heiligen Schrift verborgen, und durch die Apostel, Propheten und durch Christentum selbst geredet worden sind, welches wir mit unserer Vernunft weder verstehen noch ergründen können.

Denn welcher theologus (der nicht auch magiam verstanden hat) hat einen Teufel ausgetrieben oder sonst einen Geist vertrieben oder zu sich gebracht? Oder, was noch viel weniger und geringer ist, dass er einen Kranken gesund gemacht hätte oder sonst eine Hilfe getan, allein durch seinen Glauben? Ich schweige, dass er mit ihm einen großen Berg versetzt und gar ins Meer geworfen hätte. Daraus folgt, dass sie diesen Glauben, von dem Christus spricht, selbst weder wenig noch viel verstehen, und fährt ihnen doch täglich im Maul herum; sie reden und lehren viel davon und wissen ihn doch selbst nicht zu probieren und mit ihm ein Zeichen zu tun, so dass man sagen könnte, sie verstünden den Glauben und wüssten denselbigen zu gebrauchen und zu bewähren. Und wann ein anderer kommt, der durch ihn ein Zeichen tut, es sei gleich gut oder bös, heißen sie ihn einen Zauberer, alldieweil es über ihre Vernunft und menschliche Weisheit ist, und wissen magiam und Zauberei nit zu unterscheiden.

Aber da ist Aufmerkens hoch von nöten, dass derselbige Glaube nicht zu einem Aberglauben oder Missbrauch werde, dem Menschen zum Verderben und Schaden. Denn so wird eine Zauberei daraus, und wird alsdann von männiglich nit unbillig Zauberei genannt. Wie denn alle Hexen tun, die sich in diese Kunst eingeflickt, sich darinnen geübt, und sich mit ihr umgegeben, wie eine Sau im Kot.

Paracelsus (1493 bis 1541), zit. nach Völker (Hrsg.): *Faust. Ein deutscher Mann*, S. 11-12.

20. ZEITTAFEL ZU GOETHES LEBEN UND WERK

1749	am 28.8. geboren in Frankfurt. Vater Johannes Caspar Goethe (1710-1782), Mutter Katharina Elisabeth, geb. Textor (1731-1808.
1759	Frankfurt besetzt durch die Franzosen. – Siebenjähriger Krieg 1756-1763.
1764	Kaiserkrönung Joseph II.
1765	Oktober bis 1768 Student in Leipzig. Liederbuch Annette, Laune des Verliebten.
1768/70	Frankfurt.
1770	März bis 1771 August in Straßburg. Besuch in Sesenheim, Friederike Brion (1752-1813). Promotion zum Lizentiaten der Rechte.
1771/72	Frankfurt. Kurze Anwaltspraxis. Götz. Frankfurter Gelehrtenanzeigen. Von deutscher Baukunst.
1772	Mai bis September in Wetzlar. Lotte Buff, verh. Kestner (1753 bis 1828).
1773/75	Frankfurt. Farcen, Fastnachtspiele, Gedichte, Clavigo, Anfänge des *Faust* und *Egmont. Werther*. Verlobung mit Lili Schönemann (1758-1817).
1775	Mai bis Juli Reise nach der Schweiz. November Ankunft in Weimar – auf Einladung des Herzogs Karl August (1757-1828).
1776	Ernennung zum Mitglied des Geheimen Rates. Charlotte von Stein (1742-1827). Die Geschwister. Bergbau in Ilmenau.
1777	November bis Dezember Harzreise.
1778	Mai Besuch in Berlin. – Bayerischer Erbfolgekrieg 1778 bis 1779.
1779	Übernahme von Kriegs- und Wegebaukommission. *Iphigenie* in Prosa. September bis Januar 1780 zweite Reise nach der Schweiz.

1782	Adelsdiplom. Übernahme der Finanzverwaltung.
1784	Anatomie, Entdeckung des Zwischenkieferknochens.
1785	Verhandlungen über den Fürstenbund. Botanische Studien.
1786	September bis Juni 1788 Reise nach Italien. *Iphigenie* in Versen, *Egmont*, *Tasso.*
1788	Entlastung von Regierungsgeschäften. Christiane Vulpius (1765-1816). Römische Elegien.
1789	Dezember Sohn August geboren (gestorben 1830), einzig Überlebender von fünf Kindern.
1790	Abschluss von Goethes Schriften in 8 Bändchen. März bis Juni in Venedig. Venezianische Epigramme. Juli bis Oktober Feldlager in Schlesien. Naturwissenschaftliche Studien zur Anatomie, Botanik, Optik, Metamorphose der Pflanzen.
1791	Übernahme der Leitung des Hoftheaters. Groß-Kophta. Beiträge zur Optik, zwei Hefte.
1792	August bis November Campagne in Frankreich. – 1. Koalitionskrieg 1792-1797. Neue Schriften beginnen zu erscheinen (7 Bände bis 1799).
1793	*Reineke Fuchs. Der Bürgergeneral.* Mai bis Juli Belagerung von Mainz.
1794	Beginn der nahen Beziehung zu Schiller (1759-1805). *Wilhelm Meisters Lehrjahre* (beendet 1796).
1795	*Die Horen. Unterhaltungen deutscher Ausgewanderter*, Märchen.
1796	Xenien, mit Schiller. *Hermann und Dorothea.*
1797	Balladen. Juli bis November Reise nach Süddeutschland, der Schweiz. – Kongress von Rastatt 1797/98.
1798	Zeitschrift Die Prophyläen (bis 1800).
1799	Achilleis. – 2. Koalitionskrieg 1799-1802.
1801	Erkrankung an Gesichtsrose.

1803	*Die natürliche Tochter*. Verkehr im Hause Frommann in Jena; dort 1807 Bekanntschaft mit Wilhelmine Herzlieb (1789-1865). – Reichsdeputationshauptschluss, Ende des Heiligen Römischen Reiches.
1804	Madame de Stael. Winckelmann. – Napoleon Kaiser.
1805	Schwere Nierenkrankheit. Tod Schillers. Freundschaft mit Zelter (1758-1832).
1806	14. Oktober Schlacht bei Jena; Besetzung Weimars. Trauung mit Christiane Vulpius. – Begründung des Rheinbundes.
1807	Abschluss des Faust I. Pandora.
1808	*Faust I* erschienen; erste Gesamtausgabe der Werke in 12 Bänden (1806-1808). Begegnung mit Napoleon beim Kongress zu Erfurt. – Beendigung des 2. Koalitionskriegs 1805-1807.
1809	*Wahlverwandtschaften*. Autobiographie begonnen. – Feldzug Napoleons gegen Österreich. Aufstände in Tirol, Spanien, Kalabrien.
1810	*Farbenlehre*.
1811	*Aus meinem Leben Dichtung und Wahrheit* (6 Bände bis 1822).
1812	Begegnung mit Beethoven, Kaiserin Maria Ludovica von Österreich. – Napoleons Feldzug in Russland.
1813	April bis August in Teplitz. – Krieg der verbündeten Russen, Preußen, Österreicher gegen Napoleon, 16.-18. Oktober Schlacht bei Leipzig; April 1814 Abdankung Napoleons; Isolierung auf Elba; Wiener Kongress.
1814	*Des Epimenides Erwachen*. Reise an den Main und Rhein. Marianne von Willemer (gestorben 1860).
1815	Erneute Reise an den Main und Rhein; Ausflug nach Köln mit Freiherr vom Stein. Zweite Gesamtausgabe der Werke in 20 Bänden (1815-1819). – Die 100 Tage; Waterloo; Verbannung Napoleons nach St. Helena. Weimar Großherzogtum.

1816	Tod Christianes. Zeitschrift Kunst und Alterthum (bis 1832 fortgeführt).
1817	Entlassung als Theaterleiter. Heirat des Sohnes mit Ottilie von Pogwisch (1796-1872); Enkelsöhne Walter (1819 bis 1885), Wolfgang (1820-1883), Tochter Alma (1845 als Siebzehnjährige gestorben. Zeitschrift Zur Naturwissenschaft (bis 1824). – Im Oktober Wartburgfest.
1819	West-östlicher Divan. Erste Aufführung von Faust-Szenen in Berlin. – Karlsbader Beschlüsse.
1821	*Wilhelm Meisters Wanderjahre*, 1. Teil.
1823	Zu Jahresbeginn schwere Erkrankung. Johann Peter Eckermann (1792-1854) kommt nach Weimar. Juni bis September in Böhmen; in Marienbad Ulrike von Levetzow (1804-1899). Marienbader Elegie.
1825	Arbeit an *Faust II* wiederaufgenommen.
1826	Gesamtausgabe letzter Hand: bis 1831 40 Bände, 20 weitere 1833-1842, darin als Band I *Faust II*, 1833. Betrachtung von Schillers Schädel, Terzinen. Novelle.
1827	Chinesisch-deutsche Jahres- und Tageszeiten.
1830	Tod des Sohnes in Rom. Goethes Anteil an der Kontroverse Cuvier-Geoffroy in der Pariser Akademie. – Juli-Revolution in Paris; Beginn des „Bürgerkönigtums“ Louis Philipppes.
1831	Testament. *Faust* abgeschlossen. Letzter Geburtstag in Ilmenau.
1832	14. März letzte Ausfahrt, 16. März Erkrankung, 22. März Tod, 26. März Bestattung in der Fürstengruft.

Richard Friedenthal: *Goethe. Sein Leben und seine Zeit*. Frankfurt 1978.